Schöne Reden zur Hochzeit

südwest

Juliane Keyserling

# Schöne REDEN zur HOCHZEIT

## Treffend formuliert, perfekt vorgetragen

# Inhalt

# Kleine Rednerschule

*Das menschliche Gehirn ist eine großartige Sache.*
*Es funktioniert bis zu dem Zeitpunkt,*
*wo du aufstehst, um eine Rede zu halten.*
MARK TWAIN

Eine gewinnende Rede, die zu Herzen geht, Lacher erzeugt oder zum Nachdenken anregt zu schreiben und zu halten ist schwierig. In dieser Einleitung erfahren Sie, worauf es bei einer Redevorbereitung ankommt, wo Sie Ideen für Ihre Rede finden, wie Sie diese in Begrüßung, Hauptteil und Schluss gliedern und wie Sie das alles gekonnt vortragen.

# Reden halten – so gelingt's

»Ich soll eine Rede halten? Alles, nur das nicht! Nicht vor all den Leuten!!!« – Wenn Sie so reagieren, haben Sie keinen Grund zur Sorge. Solche Antworten sind ganz normal für Menschen, die um eine Rede gebeten werden. Sie befürchten, dass Sie ins Stocken geraten oder die Pointe vermasseln oder dass ihre Rede bei den Zuhörern nicht ankommt. Und dennoch, diese Scheu kann überwunden werden. Auch Sie können eine gute Rede halten, und der Aufwand für die Vorbereitung hält sich in zumutbaren Grenzen. Nur zu: Frisch gewagt ...

## Die Vorbereitung – Ein guter Einstieg

Selbst wenn Sie zu den Menschen gehören, denen das Reden leicht fällt, sollten Sie mit der Ausarbeitung Ihrer Rede nicht bis kurz vor den Feierlichkeiten warten. Alle Reden, auch oder vor allem die kurzen, bedürfen einer gründlichen Vorbereitung. Ein Erfahrungswert besagt: Die Vorbereitung einer Rede kostet einen versierten Redner 10-mal so viel Zeit, wie die Rede dann dauert. Wenn Sie nur gelegentlich eine Rede halten, dauert die Vorbereitung entsprechend länger. Ihre Zuhörer sehen und hören also nur den kleinsten Teil der Arbeit.

Je früher und intensiver Sie sich vorbereiten, desto erfolgreicher werden Sie daher sein. Bereiten Sie deshalb Ihre Rede gründlich mit einer Stoffsammlung vor (s. Seite 8–10). Schreiben Sie zunächst alles auf, was Sie an Material finden können, aber bewerten Sie es noch nicht. Erst kurz vor dem Schreiben unterteilen Sie Ihr Material in Hauptpunkte und Unterpunkte, Anfang-, Haupt- und Schlussteil.

TIPP *Ihre Devise sollte sein: Weniger ist häufig mehr! Die meisten Reden sind zu lang.*

*Sprich, doch bleibe kurz und klar!*
DANTE ALIGHIERI

Verlassen Sie sich nicht auf Ihr Improvisationstalent. Im entscheidenden Augenblick kann sich doch Nervosität breit machen, und Sie vergessen nicht allein den Namen der Braut, sondern auch, worauf Sie mit Ihrer Rede eigentlich hinauswollten. Nehmen Sie sich daher Zeit, sich in Ruhe mit dem Thema, der Ausarbeitung und dem Vortrag Ihrer Ansprache zu befassen.

Eine Rede, die in privatem Rahmen gehalten wird, ist etwas ganz anderes als eine Rede zu einem öffentlichen Anlass. Sie dient nicht dazu, Informationen zu vermitteln oder die Zuhörer zu überzeugen, sondern sie soll die Feier für die Gästeschar, insbesondere das Brautpaar, schöner machen. Persönliche Eindrücke, Stimmungen und Gefühle stehen im Vordergrund.

Dabei fällt eine Rede in privatem Kreis anders aus als bei einem offiziellen Hochzeitsempfang. Wie auch immer: Seien Sie nicht zu sachlich, unterstreichen Sie Ton, Herzlichkeit und Wärme. Eine Hochzeitsrede sollte nicht länger als drei bis fünf Minuten dauern.

## Ihr Thema – Informationen sammeln

Wichtig ist, dass Sie ein passendes Thema für Ihre Rede finden. Was wollen Sie sagen? Was ist Ihr Redeziel? Steht das fest, dann können Sie sich an die Stoffsammlung machen. Gehören Sie zur Familie, haben Sie wahrscheinlich keine Probleme, die Rede persönlich zu färben. Wollen Sie Ihre Rede hingegen etwas allgemeiner halten, müssen Sie sich auf andere Informationen stützen. Lassen Sie sich hierbei von unterschiedlichen »Quellen« inspirieren.

Ihr Redeziel gibt Ihrer Stoffsammlung die Richtung und zieht sich wie ein roter Faden durch Ihre Rede. Deshalb ist wichtig, dass es passgenau auf das Brautpaar und den Anlass abgestimmt ist. Überladen Sie Ihre Rede aber nicht mit Informationen, damit sie nicht zu lang wird. Als Richtlinie für die Länge fassen Sie drei bis fünf Minuten ins Auge, denn Sie wollen Ihre Zuhörer doch nicht langweilen.

# CHECKLISTE

## Eine Rede halten

- ○ Wo werde ich meine Rede halten? Empfang, Restaurant, Festsaal, häusliches Zimmer
- ○ Wer hört mir zu? Freunde, Familie, offizielle Hochzeitsgesellschaft
- ○ In welcher Funktion rede ich? Vater der Braut, Pate, Trauzeuge, Freund usw.
- ○ Was wird von meiner Rede erwartet? Begrüßung, begleitende Worte, besinnliche Ansichten, Stimmungsrede

## Themen für eine Rede

- ○ **Der Blick zurück**
  Familiengeschichte, Kennenlernen der Brautleute, Leben der Brautleute bis zum Hochzeitstag, Geschichten aus Kinder-/Jugendtagen, Anekdote aus dem Leben der beiden
- ○ **Was sonst noch geschah**
  Am Tag des Kennenlernens – Zeitgleiches, Ereignis in Familie oder Freundeskreis, Berühmte Liebespaare aus Geschichte oder Zeitgeschichte
- ○ **Allgemeine Betrachtungen**
  Bedeutung der Liebe / Ehe, Un-/Vereinbarkeit der Geschlechter, Analogien bei berühmten Liebespaaren im realen Leben, in Literatur oder im Film

## Materialsammlung für die Rede

- ○ Notieren Sie alles, was Ihnen zum Thema einfällt.
- ○ Fragen Sie Verwandte, Freunde und Bekannte.
- ○ Recherchieren Sie im Internet, in Büchern, Zeitungen und Zeitschriften.
- ○ Schlagen Sie in Gedichtbänden, Zitaten- und Spruchsammlungen nach.
- ○ Stöbern Sie in Pointen- und Kuriositätensammlungen.
- ○ Lesen Sie Reden zur Hochzeit.

*Am meisten Vorbereitung kosteten mich immer meine spontan gehaltenen, improvisierten Reden.*
WINSTON CHURCHILL

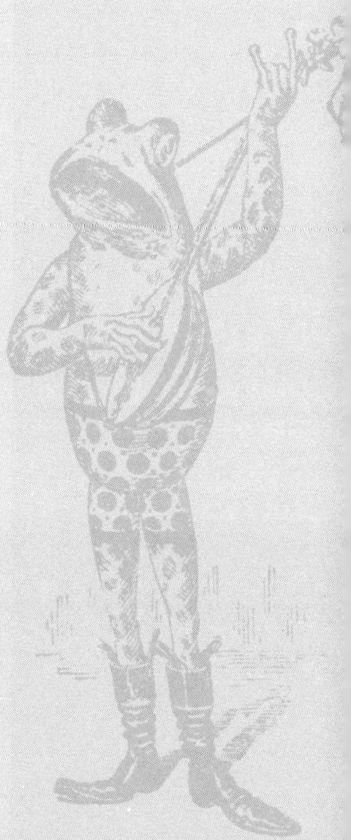

→ **UND GANZ WICHTIG** Stellen Sie immer einen Bezug zum Brautpaar her. Diese beiden sind der Dreh- und Angelpunkt Ihrer Betrachtungen.

Eine gute Rede besteht wie ein großes Puzzle aus vielen kleinen Teilen. Um das Passende zu finden, brauchen Sie zunächst einen großen Fundus. Tragen Sie daher alles zusammen, was Sie finden können. Auch scheinbar Belangloses. Und Sie werden sich wundern: Sobald sie sich intensiv mit dem Thema beschäftigen, finden Sie plötzlich überall etwas, was dazu passt.

## Gut gliedern – gut reden

Sichten Sie als erstes Ihren Fundus, und sortieren Sie all das aus, was nicht unmittelbar mit Ihrem Thema zu tun hat. Dann ordnen Sie die Informationen gemäß der Redestruktur. Doch wie sieht diese denn aus? Eine gute Rede besteht wie jedes gut gebaute, klassische Drama (oder auch eine Komödie) aus drei Akten: Anfang, Hauptteil und Schluss.

Der Anfang beinhaltet die Begrüßung sowie eine Hinführung zum Thema. Im Hauptteil, der Durchführung, wird das Thema von allen Seiten beleuchtet und sozusagen durchgeknetet: Das Wesentliche kommt zur Sprache. Dieses Wesentliche kann überwiegend sachlich, besinnlich oder humorig sein. Im Schluss wird zusammengefasst, also Resümee gezogen und ein Glückwunsch ausgesprochen.

### Die Begrüßung: Der Auftakt

Am Beginn einer Rede steht immer die Begrüßung der Zuhörer. Doch wie machen Sie das am besten? Die passende Anrede der Zuhörer hängt von der Art der Hochzeit und Ihrer Rolle als Redner ab. Bei einem offiziellen Empfang oder einer

TIPP *Behalten Sie beim Verfassen Ihrer Rede immer das Publikum im Auge.*

entsprechenden Hochzeitsfeier ist eine formelle Begrüßung angebracht. Diese sollten Sie sich auf jeden Fall notieren, denn es ist peinlich, einen Namen oder Ehrengast zu vergessen. Haben Sie in der Aufregung einen wichtigen Menschen dennoch übergangen, verzichten Sie auf eine langatmige Entschuldigung. Wenn Sie hingegen mit Ihrer Festrede nach einem oder zwei Vorrednern »dran« sind, müssen Sie nicht alle Honoratioren nochmals begrüßen.

Eine Rede zu einer privaten Feier im Kreis der Familie und Freunde ist persönlicher gehalten und unkonventioneller als eine Rede in einem eher offiziellen Rahmen. Halten Sie daher die Begrüßung kurz (s. unten und Seite 12).

*Eine gute Rede hat einen guten Anfang und ein gutes Ende – und beide sollten möglichst dicht beieinander liegen.*
MARK TWAIN

## Beispiele für Begrüßungen

Formvollendet bei einer offizielleren Feier

*Sehr geehrter Herr Pfarrer, sehr geehrter Herr Bürgermeister, liebe Brauteltern, Verwandte und Freunde und vor allem: liebes Brautpaar ...*

Weniger konventionell in privatem Kreis
*Liebe Laura, lieber Marcel, ...*
*Liebe Laura, lieber Marcel, liebe Hochzeitsgäste, ...*
*Liebe Laura, lieber Marcel, liebe Freunde und Verwandte, ...*
*Liebe Laura, lieber Marcel, liebe alte und neue Verwandte, ...*
*Liebe Laura, lieber Bruder, sehr verehrte Gäste, ...*
*Liebe kleine Schwester, lieber Marcel, liebe Hochzeitsgäste, ...*

Das Brautpaar wird in der Rede immer direkt angesprochen. Hierbei haben Sie etwas Gestaltungsspielraum. Sie können sich auf die Vornamen beschränken oder noch eine »liebes Brautpaar« hinzufügen, um die beiden als solches in den Mittelpunkt zu rücken. Sind Braut oder Bräutigam Ihre Schwester oder Ihr Bruder, können Sie diese Verbundenheit in der Anrede aufnehmen. Die Höflichkeit gebietet jedoch eins: Die Braut wird immer als Erste genannt, auch wenn Sie sich dem Bräutigam mehr verbunden fühlen.

Als gleichermaßen originell wie persönlich werden Ansprachen empfunden, in denen das Brautpaar noch vor der allgemeinen Begrüßung angesprochen wird. Hierbei können Sie den Einstieg ganz individuell mit einer realen Begebenheit, einem ansprechendem Zitat oder einer humorvollen Betrachtung machen.

→ **DER BRAUTVATER** »Was lange währt, wird endlich gut«, so eine altes Volksweisheit. Und wer hätte gedacht, dass Marcel und Laura doch noch den Weg zum Traualtar gehen würden. Welch Glück für dich, mein lieber Sohn, dass Laura so lange gewartet hat. Liebes Brautpaar, liebe Gäste! ...

→ **DIE PATENTANTE** Von ganzem Herzen freue ich mich, dass Laura und mein Patenkind Marcel die Ringe gewechselt und das »Ja« gesprochen haben. Denn wie sagt die Dichterin Marie von Ebner-Eschenbach so treffend: »Man muss sein Glück teilen, um es zu multiplizieren.« Liebe Laura, lieber Marcel, liebe Brauteltern, liebe Hochzeitsgäste, ...

→ **EIN TRAUZEUGE** »Den idealen Gatten gibt es nicht. Der ideale Gatte bleibt ledig« – das war Marcels Lebensmotto und Wahlspruch, bis er Laura traf. Und Laura ein idealer Gatte zu sein, das wird Marcels künftiges Lebensmotto sein. Liebe Laura, lieber Marcel, liebe Freunde ...

## Die Einleitung: Die Ouvertüre

Der Begrüßung folgt die Einleitung, mit der Sie die Aufmerksamkeit Ihrer Zuhörer fesseln und zum Thema der Rede hinführen. Vielleicht sollten Sie erst einmal bedenken, was Sie besser vermeiden sollten: Lähmend wirken Einstiege wie »Auf Wunsch des Brautpaares habe ich mir einige Gedanken gemacht, die ich nun vortragen möchte«, »Ich möchte nun etwas zur Hochzeit meines Sohnes sagen« oder »Auch ich habe etwas zu dieser Hochzeit zu sagen.« Lassen Sie sich daher etwas Passendes einfallen oder von den Reden in diesem Buch inspirieren.

Am besten gewinnen Sie Ihr Publikum mit einer interessanten oder humorigen Bemerkung zu Ihrem Thema, vielleicht auch einer witzigen Frage. Damit Spannung entsteht und erhalten bleibt, verraten Sie jedoch hier noch nicht zu viel – die Antworten sollen ja später folgen.

Ein beliebter Einstieg für eine Hochzeitsrede ist ein Zitat zum Thema »Liebe«, »Ehe« oder »Glück«, das Sie dann im Hauptteil im Hinblick auf das Brautpaar im Besonderen oder das Leben im Allgemeinen ausführen können. Das Zitat oder Bonmot kann durchaus paradox, ja frech sein. Schmücken Sie sich jedoch nicht mit fremden Federn und nennen Sie immer den Urheber, auch wenn Ihr Zitat nicht von einem berühmten Dichter stammt, sondern aus einem Lieblingssong des Brautpaares oder aus einem bekannten Film. Wählen Sie bitte keinen zu abgedroschenen Spruch, sonst verlieren Sie sofort die Aufmerksamkeit Ihres Publikums.

→ **AUFGEPASST** Mit dem Einstieg legen Sie den Ton Ihrer Rede fest. Finden Sie daher in den nächsten Zeilen wieder zu einem eher feierlichen Ton zurück. Eine Hochzeit ist ja keine Karnevalsveranstaltung und Ihre Rede keine Büttenrede.

Eine Anekdote aus dem Leben des Brautpaares ist ebenfalls ein guter Einstieg in eine Rede. Je besser Sie das Brautpaar kennen, umso eher können Sie aus einem Fundus der Erlebnisse auswählen. Fragen Sie gegebenenfalls Freunde und Verwandte nach alten Geschichten. Greifen Sie diese Anekdote im Hauptteil wieder auf. Auch hier gilt: Achten Sie darauf, insgesamt einen festlichen Ton anzuschlagen.

TIPP *Viele Redner zerbrechen sich den Kopf über ihren Einstieg. Wichtiger hingegen ist, zuerst den Hauptteil zu planen und das Material zu sammeln.*

*Meiden Sie allzu gängige Zitate oder schnoddrige Sprüche.*

## Der Hauptteil: Die Durchführung Ihres Themas

Im Hauptteil Ihrer Rede führen Sie das eigentliche Thema aus. Sie walken es sozusagen durch und präsentieren es von allen Seiten. Greifen Sie hierbei die These aus der Einleitung auf. Seien Sie nicht zu sachlich, sondern lassen Sie sich durchaus von Ihrem Herz und Gefühl leiten, ohne jedoch sentimental oder indiskret zu werden. Dies ist eine Hochzeitsrede und kein Grußwort für ein Tennisturnier oder ein Vortrag bei einem Geschäftstreffen.

Gleich, worüber Sie sprechen, ob über eher allgemeine Dinge wie die Ehe oder das Leben an sich: Im Mittelpunkt Ihrer Rede soll immer das Brautpaar stehen. Eine Hochzeitsrede ist letztlich eine Rede auf diese beiden Menschen und sollte ihrem großen Tag einen zusätzlichen, warmherzigen Ton geben.

Beim Thema Ihrer Rede haben Sie die Qual der Wahl: Soll es eine ganz persönlich auf das Brautpaar zugeschnittene oder eine eher allgemein gehaltene Rede über Partnerschaft und Ehe, den Stellenwert der Liebe, die Ehe im Wandel der Zeit oder Ähnliches sein? Auch wenn Sie sich für die zweite Möglichkeit entscheiden, sollten Sie immer wieder einen Bezug zum Brautpaar herstellen. »Damals, als der Ritter noch mit dem Fräulein auf Burges Zinne stand, ... doch ganz anders ist dies bei euch, liebe Laura, lieber Marcel.«

Achten Sie darauf, dass Braut und Bräutigam etwa gleich viel Raum in Ihrer Rede einnehmen und dass nicht durchschimmert, wenn Ihrem Herzen vielleicht einer der beiden nicht wirklich nahe steht.

TIPP *Fassen Sie sich kurz, werden Sie nicht ausschweifend und bleiben Sie beim Wesentlichen.*

*Anzügliche Bemerkungen oder schmerzhafte Erinnerungen gehören nicht in eine Hochzeitsrede.*

Der Hauptteil Ihrer Rede kann vornehmlich nach drei Themen aufgebaut sein.

→ ALLGEMEINE GESICHTSPUNKTE stehen im Mittelpunkt: die Liebe und ihre Facetten, die Ehe als Institution, die Ehe an sich und Ähnliches.

→ DIE GESCHICHTE des Brautpaares wird erzählt. Entweder reflektiert ein Elternteil Kindheit und Jugend von Braut oder Bräutigam, oder es geht um das Kennenlernen des Brautpaars.

→ DIE ZUKUNFT behandeln Sie nach einem kurzen, meist humorvoll gefärbten Blick in die jüngste Vergangenheit des frisch vermählten Paares.

Wofür auch immer Sie sich entscheiden: Bleiben Sie dabei und wechseln Sie unterwegs nicht die Pferde, denn das Thema in all seinen Facetten soll sich wie ein roter Faden durch die Rede ziehen. Im Schluss werden die Ausführungen dann zusammengefasst.

## Der Schlussakkord

Ein runder Abschluss oder ein passender Ausklang einer Rede ist immer ein Fazit, in dem Sie Ihre Gedanken zusammenfassen und Ihre Rede auf den Punkt bringen. Der Schluss einer Rede ist deshalb so wichtig, weil die letzten Worte erfahrungsgemäß besonders gut im Gedächtnis der Zuhörer haften. Daher sollten Sie diese besonders sorgfältig formulieren und nach Möglichkeit frei, mit Blick ins Publikum, auf jeden Fall aber möglichst souverän sprechen. Schlagen Sie hier thematisch einen Bogen zum Anfang und formulieren Sie den Schluss so, dass er in die Köpfe und Herzen der Zuhörer zielt.

## Das Ende der Rede kann

- eine Zusammenfassung
- ein Bonmot
- ein Zitat
- ein Toast (s. Seite 105–109)

sein. Immer gehören dazu die guten Wünsche für die Zukunft des Brautpaares, meistens auch ein Trinkspruch, zu dem Sie die Festgesellschaft bitten aufzustehen, damit alle Gäste ihre Gläser auf das Brautpaar (das sitzen bleibt) erheben.

Wenn vor Ihnen schon mehrere Reden mit einem Trinkspruch endeten, lassen Sie ihn eventuell weg.

→ WIE AUCH IMMER Achten Sie darauf, dass der Ton des Abschlusses auf den Ton der Rede und Ihre Rolle als Redner abgestimmt ist. Dies gilt insbesondere für die Gratulation: Je offizieller der Anlass, umso konventioneller die Formulierung Ihrer guten Wünsche.

Kündigen Sie das Ende Ihrer Rede am besten gar nicht an. Geradezu tödlich wirken Floskeln wie: »Bevor ich zum Schluss komme, möchte ich ...« oder »Herzlichen Dank für Ihre Aufmerksamkeit«. Ersteres erzeugt auch beim gutwilligen Zuhörer ein ungeduldiges Warten auf das Ende, und letzteres setzt Ihre Rede, in die Sie so viel Mühe gesteckt haben, herab. Seien Sie selbstbewusst: Ihre Rede ist ein Geschenk für das Brautpaar und für die Gäste!

TIPP *Eine gute Rede braucht Schlichtheit und Natürlichkeit. Und ein kluger Redner wird sich in der Rede nicht als ein Mensch geben, der er nicht ist. Er wird nicht vorgeben, humorig zu sein, wenn er eher ernst ist, und wenn er humorig ist, nicht vorgeben, ernst zu sein.*

# Sprache – lebendig, bildhaft und verständlich

Nachdem Sie Ihre Ideen gemäß der Redestruktur geordnet haben, geht es nun ans »Eingemachte«, den Inhalt der Rede. Dies wiederum sollte in ein Sprachgewand gekleidet sein, das einerseits zu Ihnen passt und andererseits den Zuhörern gefällt. Gefällig ist, was verständlich ist und authentisch dargeboten wird.

## Die gute Wahl

Wenn Sie Ihre Ideen und Gedanken in Worte kleiden, achten Sie darauf, dass Worte und Sätze Ihrer normalen Sprechgewohnheit entsprechen. Reden Sie als Handwerksmeister nicht wie ein Professor. Und versuchen Sie als Professor nicht, wie ein Handwerksmeister zu sprechen. Nur wenn Sie Worte wählen, die zu Ihnen passen, wirken Sie authentisch, gleich, ob Sie an den Verstand oder das Gefühl appellieren.

Dann denken Sie immer daran: Es gibt grundsätzliche Unterschiede zwischen Schreib- und Sprechstil. Selbst eine gut geschriebene Rede kann beim mündlichen Vortrag durchfallen. Vieles, was rhetorisch gut »rüberkommt«, z. B. die Wiederaufnahme (s. Seite 19), sieht in der Schriftform etwas simpel aus. Viele Menschen verbinden mit Rhetorik die Vorstellung, besonders gewählt und gebildet oder gar kompliziert sprechen zu müssen. Das lässt keine natürliche Ausstrahlung entstehen, und der Funke springt zum Zuhörer nicht über. Vereinfachen Sie daher bewusst das, was Sie sagen wollen.

Um glaubwürdig zu wirken, müssen Sie auch den richtigen Ton treffen. Sind Sie ein eher humoriger Typ, wirkt ein festlicher Ton bei Ihnen im günstigsten Fall deplatziert, meist jedoch störend. Den gleichen Effekt erzielt ein eher konventioneller Mensch in humorigem Redenduktus. Oder ein sehr junger Festredner mit einem allzu würdigen Text.

→ **GANZ WICHTIG** Reden Sie in einer Sprache, die Ihr Publikum versteht. Sonst sprechen Sie an Ihrer Zielgruppe vorbei und erzeugen nur mühevoll unterdrücktes Gähnen. Wählen Sie daher Worte, die Sie sonst auch benutzen würden, und sprechen Sie kein »Fest-Chinesisch«, um eine gute Figur zu machen. Damit bewirken Sie weitaus häufiger das Gegenteil.

## Reden schreiben leicht gemacht

Weit Ausschweifendes ermüdet, vor allem die Zuhörer, um die es Ihnen ja geht. Bringen Sie daher die Dinge auf den Punkt. Wenn Sie bei Wortwahl und Satzbau einige einfache Regeln beachten, folgen die Zuhörer Ihrer Rede mit ungeteilter Aufmerksamkeit bis zum Schluss.

### Schlüssel zu einem guten Redestil

- Kurze, prägnante Sätze! »Er geht nach Berlin. Er schreibt sich für Chemie ein«, das lässt sich leichter merken als »Um seinen Studiengang fortzusetzen und weil er sich in erster Linie für anorganische Chemie zu interessieren beginnt, wählt er Berlin als Ort für weiterführende Studien.«
- Verben statt abstrakter Substantive! Sprechen Sie vom »Klauen« anstatt von der »Entwendung einer fremden beweglichen Sache«.
- Aktive Verben! Passivsätze lassen sich fast immer »umdrehen«.
- Komplizierte Sachverhalte einfach formulieren! Lernen Sie von der auflagenstärksten deutschen Zeitung!
- Fremdwörter vermeiden! Der deutsche Sprachschatz ist groß und schön.
- Das treffende Wort suchen! Gegebenenfalls im Wörterbuch nachschlagen.
- Modewörter und Phrasen meiden!

*Für eine gelungene Rede*
*gebrauche gewöhnliche Worte*
*und sage ungewöhnliche Dinge.*
ARTHUR SCHOPENHAUER

- Bilder, Metaphern, Beispiele und Ähnliches einsetzen! Das bleibt im Gedächtnis (s. unten und Seite 20).
- Möglichst viele Sinne ansprechen! Auch das bleibt gut in Erinnerung.
- Rhetorische Fragen verwenden (s. Seite 20)!

## »Reden ist Kino im Kopf«

»Reden ist Kino im Kopf«, so der professionelle Redenberater Friedhelm Franken. Anders ausgedrückt: Ein Bild sagt mehr als 1000 Worte. Sprechen Sie daher plastisch und bildreich. Dafür müssen Sie kein großer Dichter sein. Beherzigen Sie einige Stilmittel, und bedenken Sie dabei, dass der »Wurm dem Fisch und nicht dem Angler« schmecken muss. Das Brautpaar soll glücklich lächeln, die Festgesellschaft sich freuen, darauf kommt es an.

### Rhetorische Stilmittel – Redeschmuck

Rhetorische Stilmittel werden zur Ausgestaltung einer Rede verwendet, um die Aufmerksamkeit der Zuhörer zu erregen, diese für die eigene Position zu gewinnen und zu erfreuen. Bedienen Sie sich für Ihre Rede!

→ **VERGLEICH UND GLEICHNIS** Ein Sachverhalt wird durch Vergleich mit einem Umstand aus einem anderen Bereich verdeutlicht:
Jedes Jahr heiraten in Deutschland 220 000 Paare, sozusagen zieht eine Stadt wie Oberhausen im Ruhrgebiet auf das Standesamt.

→ **WIEDERAUFNAHME** Wiederaufnahmen dienen der besonderen Hervorhebung des Gesagten, der nachdrücklichen oder gliedernden Wiederholung:
»Nichts konnte sie von ihrem Vorsatz abhalten, nichts ließ sie gelten, nichts stimmte sie um.«
»Endlich traute er sich, endlich sprach er Laura an, endlich kam die Geschichte in Gang!«

→ **ENTGEGENSTELLUNGEN** Besonders eindringlich wirken kurze, spiegelbildlich gebaute Satzabschnitte oder Sätze, da sie die Zuhörer aufhorchen lassen:
»Die Kunst ist lang, kurz unser Leben.«

- **GEGENSÄTZE** Ein Gedanke wird durch Gegensätze verdeutlicht: »Marcel besitzt einen guten Charakter, aber eine schlechte Menschenkenntnis.«, »Heiß ist die Liebe, kalt ist der Schnee.«, »Leicht ist eine Ehe zu schließen – schwer, sie zu führen.«
- **RHETORISCHE FRAGE** Eine Aussage wird als Scheinfrage formuliert, auf die keine Antwort erwartet wird, da diese allen klar ist. Andererseits können Sie so auch eine dialogische Struktur erzeugen, indem Sie Fragen der Zuhörer auffangen: »Wer wüsste nicht, was Laura in diesem Moment fühlte?«
- **IRONIE** Eine Sache wird mit einem Wort bezeichnet, das letztlich das Gegenteil meint: »Intelligent wie er war, dachte er dieser Liebe zu entkommen.«
- **ALLEGORIE** (»Anders sagen«) Bildliche Ausdrucksweise, die übertragen zu verstehen ist. Sie lässt sich als Vergleich auffassen, bei dem der erste Vergleichspunkt und das Wort »wie« ausgelassen ist: »Die Liebe entflammte in ihr, loderte auf und ergriff von ihr Besitz.«

## Das Zitat – andere sprechen lassen

Zitate verleihen jeder Rede Glaubwürdigkeit und Humor, und sie lassen sich leicht merken – vom Redner wie auch von den Zuhörern. Mit einem passenden Zitat lässt sich eine Rede persönlicher gestalten und scharf, süß oder lieblich würzen. Es weckt Aufmerksamkeit, da es von berühmten Persönlichkeiten stammt, und verleiht Ihrer Rede zusätzliches Gewicht. Ihre Zuhörer werten die Aussprüche berühmter Personen höher als die der eigenen, »normalen« Zeitgenossen. Vieles lässt sich trefflicher als durch ein Zitat oder einen Aphorismus nicht ausdrücken.

TIPP *Zitate sind geistiger Rückenwind für Ihre Vorhaben.*

*Die ganze Kunst des Redens besteht darin zu wissen, was man nicht sagen darf.*
GEORGE CANNING

Dennoch: Die Autoren, die Sie zitieren, müssen nicht zwangsläufig dem Olymp der Dichter angehören, zitieren lässt sich auch aus einem Film oder einem Lied. Und wer kennt nicht die Worte: »Louis, ich glaube, dies ist der Beginn einer wunderbaren Freundschaft«? Das Zitat aus dem Kultfilm *Casablanca* lässt sich, leicht abgewandelt und angereichert, für eine Rede nutzen: »Karla, sagte ich zu meiner Frau, dies ist der Beginn einer wunderbaren Freundschaft, denn wie schon Nietzsche sagte: ›Eine gute Ehe beruht auf dem Talent zur Freundschaft‹.« Und dann lässt sich dieser Gedanke im Zusammenhang mit dem Brautpaar weiter ausführen.

TIPP *Meiden Sie beim Zitieren allzu Gängiges, denn: Es gibt nichts Hemmenderes als Gemeinplätze und Redensarten.*

Wer die Wahl hat, hat die Qual! Zitate, Bonmots und Aphorismen zu den Themen »Ehe« und »Liebe« finden Sie in diesem Buch, in Zitatensammlungen, auch im Internet. Greifen Sie nicht zu dem erstbesten Vers oder Zitat. Schmökern Sie in Ruhe in den Zitaten und lassen Sie sich für Ihre Rede inspirieren. Vieles lässt sich auch abwandeln – dann zitieren Sie »frei nach« – oder mit anderen Sprüchen kombinieren. Dennoch: Reihen Sie nicht zu viele Zitate aneinander, denn das wirkt dann keineswegs mehr originell.

Haben Sie eine eher humorige Rede im Sinn, dann wählen Sie etwas Humorvolles aus. Auch pointiert Scharfsinniges lässt sich in einer Hochzeitsrede anbringen. Achten Sie bei Humor und Ironie jedoch auf die Stilebene und auf die Grenzen der Schicklichkeit. Denn alles, was Sie sagen, bezieht sich auf das Brautpaar. Wenn die Festgesellschaft bei einer Pointe Ihrer Rede laut lacht, während die Braut in Tränen ausbricht, haben Sie einen Fehler gemacht! Manchmal zeugt weniger geschliffener Wortwitz letztlich von mehr Stil und Fingerspitzengefühl des Redners.

# Engagement – Spannung pur

Geben Sie den Zuhörern das Gefühl, einem besonderen Ereignis beizuwohnen. Wählen Sie einen gleichermaßen interessanten wie packenden Anfang, steigern Sie die Spannung im Hauptteil, und legen Sie vor dem inhaltlichen Höhepunkt eine Wirkungspause ein, wobei Sie das dann Folgende mit einer Geste unterstreichen. Anfang, Hauptteil und auch der Schluss sind auf inhaltliche Steigerung und Spannung ausgerichtet.

Sprechen Sie engagiert und natürlich (s. Seite 17/18). »In dir muss brennen, was andere entzünden soll«, so schon Kirchenvater Augustinus. Nur wer engagiert und zu Herzen gehend spricht, kann sein Publikum erreichen. Und darum geht es vor allem bei einer Hochzeitsrede. Wer unbeteiligt spricht, hat seine Zuhörer schon verloren.

Setzen Sie beim Sprechen auch Ihren Körper ein. Nein, Sie müssen nicht wie ein Schauspieler agieren, obgleich einige Tricks aus der Schauspielerei Ihnen hier helfen können. Denn Kommunikation geschieht nicht durch Worte allein, sondern auch oder vor allem mit dem Körper, also durch Mimik und Gestik (s. Seite 29/30). Und mit beiden können Sie das Engagement Ihrer Rede transportieren.

*Was wir sind, sind wir durch unseren Körper.*
*Der Körper ist der Handschuh der Seele,*
*seine Sprache das Wort des Herzens.*
*Jede innere Bewegung, Gefühle, Emotionen, Wünsche*
*drücken sich durch unseren Körper aus.*
Samy Molcho

# Der Vortrag – ablesen oder frei sprechen?

Es ist geschafft, Sie haben es vollbracht: Ihre Hochzeitsrede ist fertig – auf dem Papier! Der erste Etappensieg. Doch in der Etappe beschleichen einen dann doch Fragen, wie das alles nun weitergeht. Soll die Rede abgelesen werden? Das könnte etwas steif wirken. Oder anhand von Stichwörtern gehalten werden? Und dann fehlt plötzlich der Übergang von einem Gedanken zum anderen! Oder wagen Sie, gänzlich frei zu sprechen? Und dann ist der rote Faden weg! Black-out!!

Ob Sie eine Rede vom Blatt ablesen, anhand von Stichwörtern oder frei halten können, hängt von Ihrer Erfahrung als Redner ab. Ablesen muss keineswegs steif wirken (s. unten und Seite 24), Stichwörter helfen einem geübteren Redner oder extravertierten Menschen als Erinnerungsstütze durch die Rede. Völlig freies Sprechen ist natürlich das Beste, aber daran sollte sich nur ein erfahrener Redner wagen, der gegebenenfalls auch rasch zu improvisieren weiß.

## Sie lesen Ihre Rede ab

Haben Sie sich entschieden, eine ausformulierte Rede sozusagen vom Blatt abzulesen, kann dies dennoch interessant und anregend für die Zuhörer sein. Darüber hinaus bietet das Ausformulieren und Schreiben einer Rede auch einige Vorteile:

- Passagen können inhaltlich präzise und stilistisch stimmig ausformuliert werden.

*Was den Menschen sympathisch macht, sind seine Schwächen.*
HORST THEIS

- Beim Schreiben prägt sich die Rede ein, sodass Sie sie sozusagen »innerlich frei« halten.
- Das Redenskript verleiht Ihnen Sicherheit beim Vortrag.

Bereiten Sie die Rede gründlich vor, dann können Sie mit den folgenden Tipps Ihren Vortrag »dramatisch ergreifend« gestalten.

- Nehmen Sie immer wieder Blickkontakt zu Ihren Zuhörern auf (s. Seite 30/31), und sprechen Sie auch den einen oder anderen Satz frei zu Ende. Üben Sie daher Ihre Rede gut ein.
- Heben Sie Worte, die Sie betonen wollen, im Text farbig hervor.
Vermerken Sie Redepausen im Manuskript (s. Seite 32). Auch Pausen machen den Vortrag lebendiger.
- Ganz wichtig: Sprechen Sie beim Ablesen langsam! Notieren Sie sich das gegebenenfalls auch im Manuskript.

Bei Erstellen eines Redenmanuskripts haben sich folgende Tipps als sinnvoll erwiesen. Bedenken Sie, dass Sie beim Vorlesen vielleicht schlechtes Licht haben. Sicher wollen Sie Ihre Zuhörer nicht an Ihren Entzifferungsbemühungen teilhaben lassen!

- Schreiben Sie mit dem Computer: Dann wählen Sie eine gut lesbare, möglichst große Schrift (16 Punkt oder mehr) und einen Zeilenabstand von zwei Zeilen.
Mit der Schreibmaschine: Wählen Sie einen großen Zeilenabstand.
Von Hand: Schreiben Sie groß, gut lesbar, auf weißem Papier mit dunklem Stift und großem Zeilenabstand.
- Lassen Sie immer einen breiten Rand, um Notizen für den Vortrag einzufügen, z. B. »lauter«, »Pause «, »Onkel Karl ansehen« und Ähnliches.

TIPP *Üben Sie Ihre Rede. Tragen Sie die Rede Ihrem Partner, notfalls Ihrem Spiegelbild vor, damit Sie merken, wo Sie falsch betonen oder sich verhaspeln.*

*Besonders wichtige Stellen am besten wörtlich ausformulieren und auf je einer Karte notieren.*

- Beschreiben Sie nur die Vorderseite, dann können Sie ein Blatt nach dem anderen weglegen.
- Nummerieren Sie die Seiten, damit nichts durcheinander kommen kann.

## Sie orientieren sich an Stichwörtern

Mit einem Stichwortmanuskript lässt sich sozusagen (fast) frei sprechen. Für ein solches Manuskript verwenden Sie am besten Karteikarten in DIN-A5-Format. Die Fernsehmoderatoren machen Ihnen vor, wie man während der Rede damit umgeht. Suchen Sie ein treffendes Stichwort oder eine kurze Formulierung mit zwei, drei Worten. Notieren Sie immer nur einen Punkt Ihrer Rede auf einer Karte und beschriften Sie jeweils nur die Vorderseite. Folgende Punkte helfen Ihnen weiter:

- Schreiben Sie gut lesbar, am besten in Druckbuchstaben.
- Beschriften Sie die Karte einseitig. Dann können Sie diese einfach nach hinten stecken.
- Nummerieren Sie die Karten durch.
- Anfangs- und Schlusssätze sowie alle Zitate immer genau ausformulieren und am besten auswendig lernen.
- Besondere Stellen farbig markieren.
- Alles in der Reihenfolge notieren, die Sie beim Reden einhalten wollen

## Der Idealfall: Sie sprechen frei

Früher hat man unter »frei sprechen« verstanden, dass der Redner seine Rede entweder auswendig lernte oder eine Rede aus dem Stegreif entwickelte. Verzichten Sie gänzlich auf ein Redenmanuskript, dann müssen Sie sich sehr sorgfältig vorbereiten: Entweder Sie haben Ihre Rede ausformuliert und auswendig gelernt, dann müssen Sie nur noch darauf achten, sie langsam, mit entsprechender Betonung und passenden Pausen vorzutragen. Oder Sie machen sich während der Vorbereitung Notizen, ähnlich einem Stichwortmanuskript, die Sie auswendig lernen und an denen entlang Sie dann Ihre Rede frei vortragen. Entscheiden Sie, was Ihnen am ehesten entspricht.

## Hilfe, Sie sollen ohne Vorbereitung eine Rede halten!

Der Albtraum der meisten Hochzeitsgäste! Während der Feier wird plötzlich die Bitte an Sie herangetragen, auch ein paar Worte zu sagen. Ihr Adrenalinspiegel steigt in gleichem Maße, wie Ihre Feierlaune sinkt. Und nun: Wie können Sie auf die Schnelle eine Rede aus dem Ärmel schütteln? Was sollen Sie sagen? Keine Angst! Niemand erwartet unter diesen Umständen eine ausgefeilte oder perfekt dargebotene Rede von Ihnen. Und eine solche spontane Ansprache dauert in der Regel nicht länger als eine Minute.

Bedenken Sie: Auch eine Spontanrede gliedert sich in drei Teile: Begrüßung und Einleitung, Hauptteil und Schluss. Das ist der strukturelle rote Faden. Und der thematische? Worüber sprechen? Hier einige Tipps:

- Die Hochzeitsfeier, die zwei Familien zusammenführt.
- Etwas, was einer der Vorredner gesagt hat. Sie können es weiterspinnen, scherzhaft widerlegen, auf das Brautpaar beziehen ...
- Eine Begebenheit aus dem Leben des Brautpaars.
- Was Braut und Bräutigam unterscheidet und welche Gefahren für die künftige Ehe darin liegen.

Bestreiten Sie die Rede mit den Informationen, die Ihnen sofort zur Verfügung stehen. Notieren Sie sich diese gegebenenfalls stichpunktartig auf einer Serviette. Bewahren Sie kühlen Kopf, niemand erwartet Perfektes von Ihnen. Atmen Sie tief durch, bevor Sie sich erheben, blicken Sie in die Runde der Zuhörer, sprechen Sie langsam und fassen Sie sich kurz. Konzentrieren Sie sich ausschließlich auf die Kernaussage, schweifen Sie nicht ab, und haben Sie den Mut, nach einigen Sätzen wieder aufzuhören. Jeder wird das verstehen. Und keine Angst vor einem Versprecher, den verzeiht das Publikum Ihnen gerne. Vielleicht macht gerade er den Charme Ihrer Rede aus.

# CHECKLISTE

## 10 Gebote für eine erfolgreiche Rede

- ○ **Bedenke Anlass und Ziel!**
  Ihre Rede braucht ein gutes Thema, das schon beim Einstieg fesselt und eine pfiffige Schlusswendung ermöglicht und sich bei alledem auf das Brautpaar bezieht.
- ○ **Bedenke die Struktur!**
  Eine gute Rede ist in drei Teile gegliedert: Anrede und Einstieg, Hauptteil und Schluss.
- ○ **Rede weniger, sage mehr!**
  Konzentrieren Sie sich auf das Wesentliche und fassen Sie sich kurz.
- ○ **Bedenke das Publikum!**
  Sprechen Sie mithilfe von rhetorischen Fragen »dialogisch« und immer in der Sprache Ihres Publikums.
- ○ **Sichere die Qualität!**
  Bereiten Sie die Rede rechtzeitig und gründlich vor.
- ○ **Engagiere dich!**
  Nur was Sie selbst begeistert, überträgt den Funken der Begeisterung.
- ○ **Sprich anschaulich!**
  »Reden ist Kino im Kopf« – schmücken Sie Ihre Rede mit Bildern, die das Gesagte anschaulich vor Augen führen.
- ○ **Bleib dir treu!**
  Bewahren Sie sich Ihre natürliche Ausstrahlung, bleiben Sie Sie selbst. Nur dann wirken Sie authentisch.
- ○ **Bedenke die Zeit!**
  Eine gute Hochzeitsrede dauert drei bis fünf Minuten. Lassen Sie daher alles Unnötige weg.
- ○ **Sprich verständlich!**
  Sprechen Sie langsam und deutlich. Machen Sie Pausen. Sehen Sie Ihr Publikum an.

*Was die Länge angeht, schön, wenn du ein Publikum nicht drei Minuten fesseln kannst, sind drei Minuten zu lang. Kannst du sie dazu bringen, dir drei Stunden zuzuhören, dann mögen drei Stunden nicht lang genug sein.*
EUGENE O'NEILL

# Reden halten

*Der Körper ist der Übersetzer der Seele ins Sichtbare.*
CHRISTIAN MORGENSTERN

Ein Lächeln sagt mehr als tausend Worte, so der Volksmund. Tatsächlich »hören« wir weit mehr auf die Sprache des Körpers, als uns bewusst ist, denn der Körper wie auch die Stimme verraten unsere wirklichen Gefühle. Daher sind die nonverbalen Botschaften so wichtig. Wie Sie Ihrer Rede körperlichen Halt und Gefühl geben, das zeigt Ihnen dieses Kapitel.

# Vor anderen Menschen sprechen

Unsere Wirkung als Redner hängt Studien zufolge zu etwa 55 % von der Körpersprache ab. Eine angenehme, wohl modulierte Stimme schlägt beim Zuhörer mit 38 % zu Buche. Daher ist nicht nur wichtig, was wir sagen, sondern auch, wie wir es sagen. Das richtige Stehen und der richtige Standpunkt sind körperlich und geistig Ausdruck ein und derselben Sache. Das gesprochene Wort braucht körperlich Halt und Gefühl.

## Der Körper spricht mit

In einer sozialen Situation kann man nicht nicht kommunizieren, so Paul Watzlawik. Durch Gestik, Mimik und Stimmklang spricht unser Körper immer mit. Nonverbales Verhalten läuft jedoch meist auf der unbewussten Ebene ab. Daher sind wir uns der Körpersprache häufig nicht bewusst, obgleich wir damit permanent Gedanken und Gefühle, also unsere innere Einstellung, in sichtbare Signale umsetzen. Körpersprache ist »Gefühlssprache«, und damit erreichen wir unser Gegenüber. Selbst die beste Rede wirkt nicht, wenn Gestik, Mimik und Tonlage nicht mit dem Gesagten übereinstimmen.

→ **DAHER** Nehmen Sie den in jeder Hinsicht richtigen Standpunkt ein, um die Zuhörer für sich zu gewinnen.

Eine Rede vor einer Hochzeitsgesellschaft wird im Stehen gehalten, was letztlich nicht schwierig ist. Stehen Sie langsam auf und bleiben Sie ruhig und aufrecht stehen. Drücken Sie die Knie dabei nicht durch, spüren Sie den Boden fest unter den Füßen. Ganz wichtig ist, dass Sie sich in Ihrer Haut, also auch in Ihrer Kleidung wohl fühlen. Achten Sie daher darauf, dass Kragen oder Krawatte bzw. der Taillenbund oder Gürtel nicht zu eng sind. Schließlich wollen Sie tief atmen.

Gesten unterstreichen oder verstärken unsere Worte. Fast alle Zuhörer fühlen sich durch freundlich zeigende und öffnende Gesten angesprochen. Bleiben Sie sich hierbei jedoch treu. Denn nur Gesten, die zu Ihrer Persönlichkeit passen, wirken glaubwürdig, Antrainiertes oder Künstliches hingegen nicht. Führen Sie daher während Ihrer Rede nur solche Gesten aus, die Ihrer Natur entsprechen. Wichtiger ist Ihr Gesicht, denn darauf werden Ihre Zuhörer in erster Linie sehen. Wer keine Miene verzieht, wirkt irritierend, auch wenn er die witzigsten Pointen spricht. Das Merkwürdigste an unserer Mimik ist die Tatsache, dass sie nicht nur andere, sondern auch uns selbst beeinflusst (s. Seite 34).

→ **DAHER** Ein Lächeln wirkt Wunder! Lächeln Sie also Ihren Zuhörern zu und lassen Sie Ihre »Miene spielen«. Zeigen Sie, was in Ihnen vorgeht – genauso verhalten Sie sich im normalen Gespräch ja auch. Dabei werden die wichtigsten und am leichtesten zu interpretierenden Signale von unseren Augen gesendet. Ein gleichermaßen freundlicher wie offener Blick stimmt die Zuhörer positiv. Wer hingegen den anderen »keines Blickes würdigt«, wird leicht als überheblich oder arrogant eingestuft.

## Blickkontakt

Bevor Sie Ihre Zuhörer ansprechen, blicken Sie – schon stehend – im Raum umher. Lassen Sie den Blick von einer Seite zur anderen schweifen. Eine gute Verbindung zwischen Ihnen und Ihrem Publikum kann nur entstehen, wenn Ihre Zuhörer sich wahrgenommen, also »gesehen« fühlen. Fixieren Sie hierbei Ihre Zuhörer nicht, sondern sehen Sie sie mit offenem Blick an. Denken Sie daran, dass all diese

TIPP *Überprüfen Sie Ihre Körpersprache am besten mithilfe eines Spiegels. Üben Sie gegebenenfalls die passenden Gesten ein.*

*Wer eine Rede halten möchte, steht auf und klopft nicht an sein Glas. Nur wenn keine Ruhe eintritt, lassen seine Nachbarn ihre Gläser klingen.*

Menschen auf Ihre Worte gespannt sind und dass auch Sie sich freuen, ihnen dieses schöne Geschenk zu überreichen: Ihre Rede.

Suchen Sie sich im Publikum freundliche, interessierte Gesichter, die Sie während Ihrer Rede stellvertretend für die Gruppe immer wieder ansehen können. Achten Sie hierbei nicht nur auf die Zuhörer in der ersten Reihe. Blicken Sie auch in den Raum nach hinten und zur Seite, schauen Sie aktiv, statt sich nur anschauen zu lassen. Das erhöht Ihre Präsenz und verschafft Ihnen die ungeteilte Aufmerksamkeit der Zuhörer. Stellen Sie vor allem immer wieder Blickkontakt zum Brautpaar her.

*Was jemand denkt, merkt man weniger an seinen Ansichten als an seinem Verhalten.*
ISAAC B. SINGER

## So kommt Ihre Stimme in Form

Im Gegensatz zum Text der geschriebenen Rede ist die Stimme auch in der Lage, über den faktischen Inhalt hinaus Gefühle zu vermitteln. Ihre Stimme macht Stimmung! Und es ist erwiesen, dass die Art und Weise, wie etwas gesagt wird – also der Klang des Gesagten –, darüber entscheidet, ob die Inhalte beim Gegenüber ankommen.

Doch wie setzen Sie die Stimme ruhig und gezielt ein? Der Klang der Stimme hängt von der natürlichen Atmung ab. Dazu gehören eine aufrechte Körperhaltung und die natürliche Sprechatmung. Diese trägt dazu bei, eine Mitteilung zu gliedern, Wichtiges hervorzuheben und Gefühle auszudrücken. Und Sie haben letztlich mehr Kraft für die Stimme und Atmung. Ein entspannter Mensch atmet tief in den Bauch, ein aufgeregter nur flach mit dem oberen Brustraum. Kein Wunder, dass die Stimme dann meist angespannt und unnatürlich klingt. Bitte also beim Sprechen tief atmen!

*Die Stimme eines Menschen ist sein zweites Gesicht.*
GÉRARD BAUER

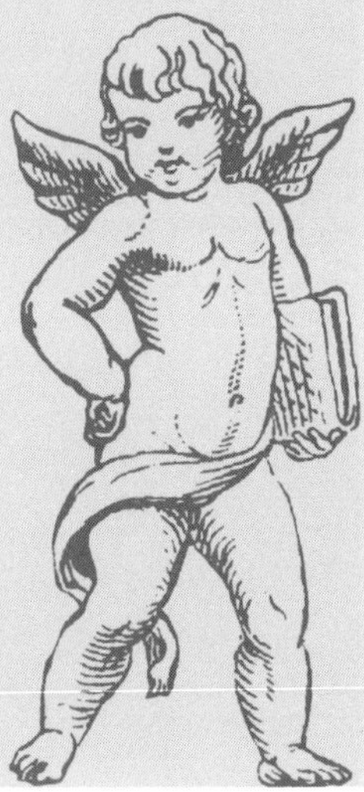

## CHECKLISTE

### So kommt Ihre Stimme in Form

- ○ Atmen Sie langsam aus und wieder ein. Lassen Sie nun die Luft langsam durch die Nase ausströmen. Summen Sie währenddessen leise vor sich hin.
- ○ Unterhalten Sie sich locker mit Ihrem Tischnachbarn, um Ihre Stimme vorzubereiten.
- ○ Verzichten Sie auf Schreien und Flüstern. Heben und senken Sie Ihre Stimme in feinen Nuancen. Das fällt Ihnen umso leichter, je deutlicher Sie die Wörter aussprechen.
- ○ Verstellen Sie Ihre Stimme nie, sprechen Sie natürlich.
- ○ Sprechen Sie lauter und deutlicher, als Sie von alltäglichen Gesprächen gewohnt sind. Das fällt leicht, wenn Sie sich vorstellen, dass Sie einem fern sitzenden Gast etwas mitteilen möchten, ohne zu schreien. Überziehen Sie jedoch nicht.
- ○ Machen Sie Pausen zum Atemholen. Vermerken Sie diese mit einem farbigen Punkt im Manuskript oder auf den Karteikarten (s. Seite 24).
- ○ Fangen Sie langsam an. Setzen Sie die Stimme dosiert ein, steigern Sie allmählich und überlegen Sie, wo Sie mit Gestik und Mimik unterstützen.

Der inneren Anspannung und Nervosität wirken Sie mit einem inneren Lächeln entgegen (s. Seite 34). Sie können sich auch in Gedanken an einen Ort versetzen, an dem Sie sich wohl fühlen. Nutzen Sie diese Entspannungsduschen vor Ihrem Auftritt als Redner. Ihre Stimme wird es Ihnen danken!

Wenn Sie aus dem Bauchraum atmen, wird Ihre Stimme ohne Anstrengung den Klang Ihrer Worte bis ans Ende des Raumes tragen. Betonen Sie bewusst die wichtigsten Worte und Wortgruppen. Übertreiben Sie nicht, achten Sie auf das richtige Maß, sonst wirkt Ihre Rede gekünstelt.

## Die Übung macht's

Die beste Rede kann nicht wirken, wenn die Zuhörer sie nicht verstehen. Manche Menschen, vor allem ungeübte Redner, neigen dazu, zu nuscheln oder gar ganze Silben zu verschlucken, wenn sie etwas aufgeregt sind. Ebenso bedauerlich wäre es, wenn Ihre Betonungen und Wirkungspausen, die das Gesagte zu strukturieren helfen, nicht »ankommen«, weil sie in der Aufregung dem Sprechtempo zum Opfer fallen.

→ DAHER Lesen Sie zunächst die Rede mehrmals laut. Variieren Sie die Betonungen und die Wirkungspausen, um so zu erspüren, was am besten zu Ihrer Rede passt. Dann nehmen Sie die Rede auf ein Tonband auf oder tragen Sie sie einem Ihnen wohl gesonnenen, aber nicht unkritischen Zuhörer vor. Dabei können Sie rasch feststellen, ob Sie klar und verständlich sprechen, ob die Betonungen stimmen und die Wirkungspausen sitzen.

Achten Sie auf das Sprechtempo. Sprechen Sie langsam und mit Bedacht. Wer aufgeregt ist, neigt dazu, schneller zu sprechen, um die ganze Sache hinter sich zu bringen. Das erhöht natürlich die Gefahr, sich zu verhaspeln. Sie können sogar außer Atem geraten, wenn Sie sehr schnell sprechen.

Proben Sie die Rede abschließend vor einem Spiegel, um Ihre Mimik und Gestik zu überprüfen. Dann bekommen Sie einen realistischen Gesamteindruck. Seien Sie jedoch nicht zu kritisch, es wird kein perfekter »Auftritt« von Ihnen erwartet.

## Was hilft bei Lampenfieber?

Versuchen Sie erst gar nicht, gegen Ihre Nervosität anzukämpfen. Das hilft Ihnen weder bei der Vorbereitung noch beim Halten der Rede. Im Gegenteil, Sie vergeuden nur wertvolle Energie. Akzeptieren Sie Ihre Aufregung als positiven Stress. Das freigesetzte Adrenalin sichert, dass Sie voll konzentriert sind und die Sache ernst nehmen.

Denken Sie jedoch immer daran: Sie sprechen auf einer privaten Hochzeitsfeier, und die Gäste wissen, dass Sie kein professioneller Redner sind. Sie werden daher keine perfekte Darbietung erwarten. Eher im Gegenteil: Manch ein Versprecher trägt vielleicht gar zum Charme des Gesagten bei.

*Die Rede muss sogar den mit halbem Ohr Zuhörenden verständlich sein.*
MARCUS FABIUS QUINTILIANUS

## Das innere Lächeln

Lachen ist gesund – eine alte Weisheit. Im Land des Lächelns weiß man seit Langem, dass das innere Lächeln Energie pur ist. Mit dem inneren Lächeln können negative Gefühle umgewandelt werden, um jederzeit eine ausgeglichene und heitere Haltung zu gewinnen. Schenken Sie sich daher vor Ihrer Rede ein inneres Lächeln. Das hilft gegen Lampenfieber, wirkt entspannend und gibt Ihnen Energie für die Rede.

Machen Sie folgende Übung mehrmals.

- Sitzen Sie aufrecht und entspannt auf einem Stuhl.
- Atmen Sie tief und entspannt in den Bauchraum.
- Halten Sie den Kopf so, als wollten Sie in die Ferne blicken.
- Ein Lächeln breitet sich auf Ihrem Gesicht aus.
- Lenken Sie das Lächeln nach innen – lächeln Sie in sich hinein.
- Lächeln Sie einzelnen Organen wie Ihrem Herzen oder Ihrer Lunge oder auch Ihren Händen und Ihrem Gesicht zu.
- Spüren Sie die positive Kraft des inneren Lächelns.

Lächeln Sie sich vor der Rede erst einmal selbst zu. Dann tragen Sie das innere Lächeln nach außen, blicken die Zuhörer an und lächeln auch ihnen zu.

## Der geistige Entspannungsort

Visualisieren Sie einen geistigen Entspannungsort, einen Ort, an dem Sie sich gelassen, geborgen und wohl fühlen. Gleich, ob dies ein duftendes Bad, ein Ort im letzten Urlaub an dem rauschenden Gebirgsbach im strahlenden Sonnenschein oder die Hängematte im Garten ist – schließen Sie Ihre Augen und versetzen Sie sich an diesen Ort.

Sehen Sie den Ort vor Ihrem inneren Auge. Versetzen Sie sich ganz in diese Situation. Spüren Sie die Wärme auf Ihrer Haut? Riechen Sie die aromatischen Düfte? Genießen Sie die Entspannung und kehren Sie ins Hier und Jetzt zurück. Lassen Sie sich von einer Woge der Gelassenheit durch Ihre Rede tragen.

## Stars und Lampenfieber

Viele berühmte Stars haben Lampenfieber und mussten lernen, diese Energie positiv für sich zu nutzen. Übernehmen Sie ihre Tricks:

- Unentbehrlich: Sie beherrschen Ihre Rede im Schlaf. Die gute Vorbereitung gibt Sicherheit.
- Visualisieren Sie Ihre Rede, indem Sie sie in Gedanken durchgehen.
- Begeben Sie sich an Ihren geistigen Entspannungsort.
- Lächeln Sie erst innerlich, dann nach außen.
- Atmen Sie tief in den Bauchraum.
- Bereiten Sie Ihre Stimme vor (s. Seite 31/32).

Jetzt stehen Sie für Ihre Rede auf. Sie blicken zuerst in die Runde der Zuhörer und tragen dabei Ihr inneres Lächeln nach außen. Sie nehmen Blickkontakt zum Brautpaar und zu Ihrem Publikum auf (s. Seite 30/31). Sie atmen ruhig durch und beginnen mit entspannter Energie zu sprechen.

# Ihre Festrede

*Liebe – sagt man schön und richtig –*
*ist ein Ding, das äußerst wichtig.*
*Nicht nur zieht man in Betracht,*
*was man selber damit macht,*
*nein, man ist in solchen Sachen*
*auch gespannt, was andere machen.*
WILHELM BUSCH

Sehen Sie bitte die folgenden Reden als Beispiele an, wie Brauteltern, Großeltern, Paten, Geschwister, Trauzeugen und Freunde eine Rede halten können. Lassen Sie sich davon anregen. Gehen Sie frei mit dieser Sammlung von Ideen um und verändern Sie sie nach Herzenslust. Es sind Vorschläge, die Sie als Fundus für Ihre eigene Rede nutzen können.

# Musterreden – passende Worte für jede Hochzeit

Bei den folgenden Musterreden können Sie nicht allein die Texte, sondern auch die Sprecher frei variieren: Die Rede der Brautmutter kann auch eine Großmutter halten oder die Rede der Schwester der Braut ebenso ein Bruder. Ebenso können Sie eine Rede zur grünen Hochzeit, entsprechend abgewandelt, zu einer Silberhochzeit halten.

Stellen Sie am besten Ihre eigene Rede zusammen. Nehmen Sie aus den Reden die Stellen heraus, die Ihnen gefallen. Setzen Sie die Textteile zusammen, die auf das Brautpaar passen. Spielen Sie mit den Versatzstücken wie mit einem Puzzle, und wenn dieses Puzzle einigermaßen ein Bild ergibt, dann schreiben Sie daraus Ihre Rede. Dies mag zunächst schwierig wirken, und daher könnte es reizvoll erscheinen, eine Rede komplett zu übernehmen. Doch aufgepasst: Entspricht die Rede nicht Ihrer Persönlichkeit, Ihrem Alter und Ihrem Sprachstil, dann wirkt sie aufgesetzt und das Ganze nicht authentisch. Schmökern Sie daher in den folgenden Seiten und stellen Sie dann Ihre eigene, ganz auf das Brautpaar zugeschnittene Rede zusammen. Dann müssen Sie Ihre Ansprache nur noch halten …

## Reden zur grünen Hochzeit

Eine Tischrede wird traditionell vom Brautvater gehalten. Doch auch die Mutter der Braut oder die Mutter des Bräutigams sind heute »Manns« genug, sich für eine Rede zu erheben. In der Regel werden die Reden während des Hochzeitsessens dargebracht. Aber kein Gast mag auf nüchternen Magen eine Rede hören! Deshalb beginnt die Redezeit immer, wenn ein Gang abserviert ist, und vor der nächsten Rede wird wieder gegessen. Wenn nur eine Rede gehalten wird, hört man sie vor dem Dessert. Gewöhnlich ist der Brautvater der erste Redner, dann folgen der Vater des Bräutigams und andere Redner und zum Schluss der Bräutigam oder die Braut mit einem Dankeswort.

THEMA **Vater der Braut**
TON humorvoll, besinnlich
REDNER Brautvater

Liebe Sandra, lieber Michael, liebe Hochzeitsgäste,

an einem Tag wie heute haben alle nur das strahlende Brautpaar im Blick. Zu Recht. Denn Braut und Bräutigam halten heute »Hoch-Zeit«, es ist ihr Tag, manche meinen gar: der schönste Tag im Leben eines Paares.

Kein Mensch spricht an einem solchen Tag hingegen darüber, wie schwer es dem Vater einer Tochter fällt, diesen zu begehen. Kaum hat man sie mit viel Freude großgezogen und blickt voller Stolz auf ihr Tun und Treiben, schwupp, hat sie einem ein junger Mann weggeschnappt. Das ist zwar der Lauf der Dinge, doch fair, fair ist das nicht. Zumindestens aus der Sicht des Vaters.

Plötzlich hing ich alten Erinnerungen nach. Der selbst gebaute Sandkasten, das erste Fahrrad, die schönen Ausflüge, die Leichtathletik-Turniere, Geburtstagsfeiern, Urlaube, Partys und vieles mehr fand ich in den Fotoalben als Erinnerungen festgemacht. Und dann denkt man an dies, schmunzelt über das und freut sich, dass wir alle gemeinsam so tolle Dinge erlebt haben.

Und dann das Lachen! Schon als junges Mädchen bezauberte Sandra Menschen mit ihrem Lachen und mit ihrer offenen, gewinnenden Art. Das zeichnet sie vor allem aus: ihr Humor und ihr Optimismus in allen Lebenslagen. Es gibt wohl kaum eine Situation im Leben, der Sandra nicht auch was Positives abgewinnen kann. Sicher ist sie auch mal niedergeschlagen, wenn nicht alles so klappt, wie sie es sich vorstellt. Doch das hält nie lange. Michael wird auf jeden Fall eine Frau bekommen, mit der er Pferde stehlen und durch dick und dünn gehen kann! Und Sandra hat mit Michael einen tatkräftigen Mann gewonnen, der ihr mit Liebe den Rücken stärkt, ihr bei all ihrem Tun kritisch zur Seite stehen und ihr ein verlässlicher Begleiter sein wird.

Liebe Sandra, lieber Michael, aus eurem Zusammenleben wisst ihr längst, dass eine Beziehung nicht nur aus Freudentagen besteht und sich nicht alles mit einem Lachen verkraften lässt. Manche Probleme können das Leben auch eine Zeit lang beeinträchtigen. Dann gilt es, dies zu akzeptieren, das Beste daraus zu machen und mit dem Partner über alle Dinge zu sprechen. Das ist eh das Wichtigste in einer Ehe. Das offene und ehrliche Gespräch über alles, auch das, was einen am anderen stört. Nur dann können Vertrauen und Verständnis, die beiden Fundamente einer soliden Partnerschaft, entstehen und bestehen. All das gehört zu einem Leben zu zweit.

Und was bleibt einem sitzengelassenen Vater dann noch zu tun? Eine Anekdote mag dies veranschaulichen:

Der bekannte Berliner Maler Max Liebermann, so wird gesagt, hatte eine Tochter, die er wohl abgöttisch verehrte. Darauf angesprochen, dass er sie irgendwann einmal in die Hand eines anderen Mannes geben müsste, erwiderte der Vater knurrend: »Den Kerl hass' ich jetzt schon!« Aber wie wir alle wissen: Hunde, die bellen, beißen nicht. Vom humorigen, weisen Liebermann wird berichtet, dass er später seinen Schwiegersohn öfters beiseite genommen habe, um ihm vertrauliche Tipps für den Umgang mit den Tücken des weiblichen Geschlechts zu geben – vor allem mit Töchtern!

Liebe Sandra, lieber Michael, als Vater der Braut und Schwiegervater des Bräutigams gebe ich euch hiermit gleich einen Tipp mit auf den gemeinsamen Weg: Seid glücklich und genießt das Leben zu zweit!

*Fortuna lächelt, doch sie mag*
*Nur ungern voll beglücken:*
*Schenkt sie uns einen Sommertag,*
*So schenkt sie uns auch Mücken.*
WILHELM BUSCH

THEMA **Himmel auf Erden**
TON festlich, besinnlich
REDNER Brautvater

Liebe Silke, lieber Simon, sehr verehrte Gäste,

aus ganzem Herzen freuen wir, meine Frau und ich, uns, dass wir gemeinsam heute das Hochzeitsfest von Silke und Simon feiern. Ich bin kein Mensch, dem große Worte liegen – das können andere weitaus besser als ich. Daher möchte ich eine große Dichterin zu Wort kommen lassen, nämlich Marie von Ebner-Eschenbach, die schrieb: »Soweit die Erde Himmel sein kann, soweit ist sie es in einer glücklichen Ehe.« Aus eigener Erfahrung kann ich nur bestätigen, dass eine dauerhafte, verlässliche Partnerschaft das Beste ist, was einem das Leben geben kann. Wer einen Partner an seiner Seite weiß, der in beständiger Treue mit einem gemeinsam die Höhen und die Tiefen des Lebens durchschreitet – ein solcher Mensch kann sich als ein vom Glück Beschenkter sehen. Denn dann tritt ein Phänomen ein: Glück verdoppelt sich, Leid wird geteilt. Und genau solch eine irdische Partnerschaft, solch eine himmlische Ehe wünschen wir euch von Herzen.

Und dann möchte ich euch noch die Worte eines weiteren großen Geistes, nämlich Sören Kierkegaard, mit auf euren gemeinsamen Lebensweg geben. »Die Ehe ist und bleibt die wichtigste Entdeckungsreise, die der Mensch unternehmen kann.« Wir wünschen euch viel Freude auf diversen Entdeckungreisen, Beständigkeit in eurer Liebe und alles, alles Gute für eure gemeinsame Zukunft!

TIPP *Treffende Zitate können sozusagen als »Aufhänger« für die eigenen Ausführungen dienen. Achten Sie dabei darauf, dass die Zitate den Kern Ihrer Aussage wiedergeben, und verknüpfen Sie diese mit dem Brautpaar.*

THEMA **Hoch-Zeit**
TON besinnlich, festlich, religiös
REDNER Vater der Braut/Vater des Bräutigams

Sehr geehrter Herr Pfarrer, liebe Brauteltern, Verwandte und Freunde und vor allem: Liebes Brautpaar!

Das Fest, das wir hier heute feiern, heißt Hoch-Zeit. Hochzeit – eine hohe festliche Zeit – bezeichnete ursprünglich jedes hohe, kirchliche und weltliche Fest, heute hingegen ausschließlich eine Vermählungsfeier und damit die Feier in der Kirche wie auch hier im Saal. Dass die heutige Hochzeit eine besondere, eine »hohe Zeit«, ja ein Höhepunkt im Leben der Brautleute, aber auch der Eltern und einiger Gäste ist, brauche ich wohl nicht weiter zu erläutern. Ein Blick in die Runde, in die Gesichter der Anwesenden sagt mehr als tausend Worte. Doch was bedeutet »Hochzeit« heutzutage? Was bedeutet diese Hochzeit? Warum der besondere Gottesdienst, das große Essen, das schöne Fest?

Stellen wir uns vor, wir wandern in den Bergen, und nach einem längeren Aufstieg erreichen wir den Gipfel des Berges. Wir sind ganz oben. Höher geht es in diesen Bergen – oder, wie wir glauben: in diesem Leben – nicht. Und dennoch haben wir nur das Etappenziel erreicht.

Stellen wir uns weiter vor, dass wir von diesem Gipfel aus auf eine zauberhafte Berglandschaft blicken und auf die getriebige Stadt, in die wir zurückkehren werden. Diese Stadt ist unser Ziel – unser tagtägliches Leben. Sie liegt in weiter Entfernung und doch direkt vor unseren Augen. Sie scheint zum Greifen nah, und dennoch ist sie in weiter Ferne.

Was soll uns dieses Bild sagen? Wir kommen soeben aus der Kirche, in der das Brautpaar den Bund der Ehe, den Bund fürs Leben geschlossen hat. Dies ist der feierliche Beginn eines Lebens zu zweit. Und dennoch: Ehe ist nicht der Anfang einer Beziehung, wenn auch ein absoluter Höhepunkt. Claudia und Christian, das Brautpaar, stehen heute auf dem Gipfel und schauen mit Freude und Klarheit auf die Stadt, auf ihr gemeinsames Ziel: ein christliches Leben in unserer heutigen Zeit. Der Weg dahin ist die Partnerschaft, getragen von christlichen Werten.

Wie häufig das frisch getraute Paar auf diesem Weg in die Stadt durch dunkle Wälder, Stürme sowie wunderschöne Landschaften oder Sonnentage kommen wird, welche Hindernisse sich ihm in den Weg stellen werden, all das wissen wir nicht, wir wissen jedoch heute eins: Der Hochzeits-Tag hat das Brautpaar auf den Gipfel geführt, von dem aus es seinen künftigen Weg überblicken kann. Das Ziel fest im Blick und mit dem Sakrament der Ehe gestärkt, machen sich die beiden nun auf den gemeinsamen Weg.

Auf einem solchen Weg gibt es auch immer Begleiter. Gott wird mit euch sein. Und wir, eure Eltern, werden euch in allen Lebenslagen zur Seite stehen. Wir wünschen euch von ganzem Herzen Glück und Gottes Segen.

THEMA **Liebe, heiliger Götterstrahl**
TON locker, besinnlich
REDNER Vater des Bräutigams

Liebe Marianne, lieber Arthur, liebe Hochzeitsgäste,

ich bin kein Mann der großen Worte und möchte es daher wie in der folgenden Anekdote halten: Ein ehemaliger Esso-Präsident begann seine Rede mit den Worten: »Ich habe nur 20 Minuten Zeit für meinen Vortrag, und ich weiß überhaupt nicht, wo ich anfangen soll.« Ein Zwischenrufer aus dem Publikum half ihm sofort auf die Sprünge: »Beginnen Sie bei der neunzehnten!« Eine gute Idee, die ich im übertragenen Sinne für meine Rede aufgreifen möchte. Daher beginne ich mit dem Wesentlichen.

Es war ein bewegender Moment, als unser Sohn Arthur nach Hause kam und uns mitteilte, dass er heiraten will. Verwundert hat uns das jedoch nicht, da auch wir Marianne seit Langem kennen, schätzen und lieben. Denn wie sagt Schiller so treffend:

Das ist der Liebe heiliger Götterstrahl,
Der in die Seele schlägt und trifft und zündet,
Wenn sich Verwandtes zum Verwandten findet.
Da ist kein Widerstand und keine Wahl:
Es löst der Mensch nicht, was der Himmel bindet.

Genau das wünschen wir euch, liebe Marianne und lieber Arthur. Möget ihr immer so glücklich miteinander verbunden sein wie am heutigen Tage.
Und möge der Liebe Strahl für immer euer gemeinsames Leben durchziehen, euch wärmen und schützen. Alles Liebe und Gute!

THEMA **Renovierung mit Folgen**
TON **erzählend, liebevoll**
REDNER **Vater des Bräutigams**

Liebes Brautpaar, liebe alte und neue Verwandschaft, liebe Gäste,

vor zwei Jahren zogen unser ältester Sohn Carsten und seine Freundin Anne in ihre erste gemeinsame Wohnung. Die beiden hatten sich ein Liebhaberstück ausgesucht, das es noch zu renovieren galt, was zu zweit in der zur Verfügung stehenden Zeit jedoch nicht zu schaffen war. Daher halfen Verwandte und Freunde bei all den anstehenden Arbeiten mit. Unter anderem auch mein Sohn Jonas und Annes beste Freundin Meike. Und ihr dürft mir glauben, die beiden harmonierten von allem Anfang an bestens – und das nicht nur im Tapezierteam!

Abgesehen von der Arbeit hatten wir auch viel zu lachen. Wenn ich nur daran denke, wie Reimund von der Leiter herunter in den Kleisterkübel trat oder die Tapetenbahn sich von der Wand löste und über Meikes Kopf zu Boden fiel! Die Arbeit lief wie geschmiert – und das Kennen- und Mögenlernen von unserem heutigen Brautpaar auch. Die beiden hatten nur noch Augen füreinander. Daher wundert es uns doch ein wenig, dass die Tapetenbahnen im Arbeitszimmer und im Flur noch immer halten!

Wie auch immer: Wir schafften es, die Wohnung zeitgerecht so fertig zu bekommen, dass Anne und Carsten einziehen konnten. Und auf der bald darauf folgenden Einweihungsfete sah es so aus, als ob Jonas und Meike schon eigene Wohnungspläne schmiedeten. Was heißt hier: Es sah so aus? Nur zu bald fand sich das Renovierungsteam in einer anderen Wohnung wieder. Eingespielt wie wir waren, war auch diese Wohnung im Sauseschritt bezugsfertig. Und dann kam, was kommen musste: Der Einzug natürlich – was habt ihr denn gedacht? Und dem folgte dann der Auszug vor den Traualtar. Ja, Jonas und Meike gehen kurz entschlossen die Dinge zügig nacheinander an. Wohnung, Hochzeit – und nun sind wir schon gespannt, was als Nächstes folgen wird.

Wir Eltern finden: Es gehört zu den guten Zügen unserer Zeit, dass Paare zusammenleben können, auch wenn sie nicht auf dem Standesamt waren. Trotzdem freut man sich natürlich besonders, wenn sie sich dann »wirklich trauen«. Die Freude von uns Eltern und von uns allen an der Hochzeit von Meike und Jonas ist daher besonders groß. Wir sagen »Ja« zu diesem wunderbaren Paar. Alles Gute und auf euer Wohl!

TIPP *Verwenden Sie in Ihrer Rede nie anzügliche oder gar schmerzhafte Erinnerungen oder Geschehnisse als »humorige« Begebenheiten. Bleiben Sie im Stil immer ernsthaft, denn es gilt, das Brautpaar mit der Rede zu ehren.*

THEMA **Cyberwelten**
TON **locker, liebevoll**
REDNERIN **Mutter des Bräutigams**

Liebe Laura, lieber Holger, liebe Gäste,

da saß unser Sohn Holger scheinbar 24 Stunden am Tag, und nahm auch noch die Nacht dazu, vor dem Computer. Und wir, die besorgten Eltern, fragten uns, wann der Junge denn mal schläft. Zwar war der Junge schon lange erwachsen und stand auf seinen eigenen Beinen, doch Eltern bleibt man halt ein Leben lang. Dabei haben wir überhaupt nicht daran gedacht, dass solch ein Computerteil auch durchaus seine privaten Aspekte haben kann. Nein, anfassen kann man sein Gegenüber nicht, da bin ich mir sicher, aber kennen lernen schon. Wie auch immer das alles heißen mag – E-Mail, Chat-Room – Holger war wohl als Wegelagerer in romantischen Angelegenheiten auf der Daten-Autobahn unterwegs. Und wir dachten, er arbeitete! Tat er irgendwie ja auch, und zwar an seiner ganz privaten Zukunft. Was da alles in dieser virtuellen Welt vor sich ging, ist ein bislang gut gehütetes Geheimnis!

Wie dem auch sei: Laura ist kein Poltergeist aus Bits und Bytes oder eine virtuelle Cyberbraut, sondern eine bildhübsche Erscheinung und ein äußerst sympathischer Mensch. Wir, mein Mann und ich, freuen uns und sind stolz, solch eine Schwiegertochter bekommen zu haben.

Liebe Laura und lieber Holger, ich bin mir sicher, dass ihr auch künftig jenseits der Bits und Bytes als Paar bestehen werdet, und wir, eure Eltern, sind in der realen Welt immer für euch da. Lasst uns auf das Brautpaar anstoßen! Zum Wohl, und für die Zukunft alles Gute!

THEMA **Man trifft sich immer zweimal im Leben**
TON festlich, liebevoll
REDNERIN Brautmutter

Liebe Antje, lieber Lars, verehrte Gäste,

zunächst wollte unsere Tochter unbedingt Lehrerin werden. Gymnasiallehrerin. Doch dann im zarten Alter von 16 Jahren änderte sie ihren Berufswunsch ebenso radikal wie dauerhaft. Bücher machen – in einem Verlag arbeiten und Bücher machen, das war von nun an ihr erklärtes berufliches Ziel. Und so machte sie nach dem Abitur eine Ausbildung zur Buchhändlerin, um den Job von der Pike auf zu lernen.

Das hielten ihr Vater und ich für eine gute Idee. Wobei der praktische Teil der Ausbildung von einem theoretischen begleitet wurde. Im Blockunterricht in der Buchhändlerschule bei Frankfurt lernte sie einen jungen Mann kennen, der vom Büchermachen ebenso begeistert schien wie sie. Und was auch immer Antje von Lars erzählte, ihre Augen hatten dabei einen etwas seltsamen Glanz. Doch als Mutter ist man gut beraten, nicht nachzufragen. Abwarten und Tee trinken ist in solchen Situationen eine gute Devise.

Antje bestand die Ausbildung als Buchhändlerin mit Auszeichnung, und vorbei war es mit der Buchhändlerschule. Von Lars war dann auch nicht mehr so häufig die Rede, die beiden schienen über die Schule hinaus keine weitere oder gar tiefere Verbindung zu haben.

Ein Jahr arbeitete Antje in ihrem Beruf, bevor sie sich entschloss, noch zu studieren. Alle im Lektorat hatten ein abgeschlossenes Studium, und daher war es sinnvoll, den zweiten Ausbildungswunsch nicht weiter auf die lange Bank zu schieben. Philosophie, Germanistik und Englisch wollte sie studieren und bekam an ihrer Wunschuniversität in Tübingen auch einen Studienplatz. Und gleich in einem der ersten Telefonate erzählte sie mit freudig erregter Stimme: »Mutti, stellt dir mal vor, ich sitze im Vorlesungssaal für Philosophie und höre eine Stimme, die wie die von Lars klingt. Du erinnerst dich, der Lars von der Buchhändlerschule. Ich drehe mich um, und wer sitzt zwei Reihen hinter mir? Lars!« Da war er wieder, dieser Glanz – die freudig erregte Stimme.

Von nun an verloren sich die beiden nicht mehr aus den Augen. Es scheint doch ein Naturgesetz zu sein, dass man sich im Leben immer ein zweites Mal trifft, wenn man füreinander bestimmt ist. Liebe Antje und lieber Lars, philosophiert nun nicht den Rest eures Lebens nur über euer Glück, sondern genießt es von Herzen und werdet glücklich!

TIPP *Ein schöner »Aufhänger« für eine Hochzeitsrede ist die Geschichte des Brautpaares vom Kennenlernen bis zur Hochzeit. Entweder ist Ihnen die Geschichte bekannt, oder Sie müssen etwas Recherche investieren. Anzügliches findet hier jedoch keinen Platz.*

## THEMA Eine Hochzeit und ein Liebesfall
TON festlich, liebevoll
REDNERIN Mutter des Bräutigams/Brautmutter

Liebes Brautpaar, liebe alte und neue Verwandtschaft, liebe Gäste,

mit seinem Charme hat unser Sohn Jens schon manches Frauenherz betört, das weiß ich als seine Mutter ganz gewiss. Woher? Diesen Charme hat er auch bei mir immer eingesetzt, um mich um den Finger zu wickeln, gleich, ob ich wütend auf ihn war oder er etwas von mir haben wollte. Charme hin oder her, ernst war es ihm mit seinen Eroberungen nie, und lang gehalten haben diese Verbindungen auch nicht.

Daneben aber war Jens immer ein beständiger, verlässlicher Freund, sodass ihn sein bester Freund Stefan zu seinem Trauzeugen machte. Und diese Hochzeit war für Jens ein Glücksfall, denn dadurch wurde er sozusagen zum Liebesfall. Unter den Gästen begegnete er der selbstbewussten und attraktiven Patricia, deren bezauberndem Charme der Charmeur verfiel. Und es folgten Stunden des seelischen Leids, für den armen Jens, der zum ersten Mal in seinem Leben so richtig verliebt war – mit allem, was dazu gehört. Und dazu gehörte auch Benjamin. Patricias dreijähriger Sohn. Frau und Familie!?! Unser Sohn kam ganz schön ins Straucheln. Bindung und Verantwortung – alles auf einen Streich? Ob er das wohl schafft? Wie wird Benjamin auf ihn reagieren? Und dann die bangste Frage aller bangen Fragen: Liebt Patricia ihn auch wirklich? Zweifel und Hoffnung wechselten sich in reger Folge ab.

Patricia hingegen zog beständig ihre Bahn und Jens weiter in ihren Bann. Abende mit Gesprächen, Ausflüge mit Benjamin folgten. Blödeln, Lachen und Ernsthaftigkeit wechselten sich ab. Denn auch Patricia war es ernst mit ihren Gefühlen und mit ihrer Verantwortung, als Mutter mit ihrem Sohn und als Frau mit Jens. Es war für sie bestimmt nicht leichter, die Unabhängigkeit aufzugeben als für unseren Sohn. Die Irrungen und Wirrungen in Herzensdingen waren letztlich doch rasch ausgestanden, sodass ich vor allem meinem Sohn ein Wort eines Dichters auf seinen Eheweg mitgeben möchte, der auch über langjährige Eheerfahrung verfügte: Theodor Fontane.

»Die Liebe lebt von liebenswürdigen Kleinigkeiten, und wer sich eines Frauenherzens dauernd versichern will, der muss immer neu darum werben, der muss die Reihe der Aufmerksamkeiten allstündlich neu wie einen Rosenkranz abbeten. Und ist er damit fertig, so muss er von Neuem anfangen.«

So weit Fontane. Und er hat Recht. Nur dann behält das Alltägliche seinen Zauber, seinen Charme, wenn dieses Alltägliche beständig mit Aufmerksamkeiten durchwoben wird. Mögt ihr beiden, Jens und Patricia, ein Leben lang dauerhaft und beständig, in Liebe verbunden, umeinander werben. Ich erhebe mein Glas auf euch und eure kleine Familie. Werdet glücklich!

THEMA **Richard Löwenherz**
TON locker, liebevoll
REDNER Großvater / Großmutter

Liebes Brautpaar, liebe Brauteltern, liebe Gäste,

ist hier in der Hochzeitsgesesellschaft vielleicht jemand, der Richard heißt? Ach ja, der Bräutigam! Herzlichen Glückwunsch zu diesem schönen, heute seltenen Namen. Es ist ein stolzer Name, das weißt du sicher: Richard Löwenherz, das war ein Mann voller Mut, Kraft und Entschlossenheit.

Großen Mut, viel Entschlossenheit und ein gerüttelt Maß an Ausdauer hast du bei der Wahl und Werbung deiner Frau bewiesen, lieber Richard. Denn Verena ist wahrlich kein Mauerblümchen, das auf Burges Zinne auf ihren Ritter in glänzender Rüstung gewartet hat. Nein, meine Enkeltochter hatte mit dem Heiraten nicht viel im Sinn. Ihr Beruf, den sie liebt, und ihre Karriere, die sie bewundernswert bewältigt, füllten sie vollständig aus. Da gab es keinen Platz für einen Mann, der würde eh nur stören. Und dann kam der Störenfried und ließ sich durch kein Hindernis abschrecken. Und steter Tropfen höhlt bekanntlich den Stein. Als Verena begriff, dass Richard sie so, wie sie war, genau so zur Frau nehmen wollte, gab sie seinem Werben doch nach.

Ehe und Karriere – das war in unserer Generation noch ein Problem für eine Frau. Heutzutage haben sich die mutigen Männer so weit entwickelt, dass eine tüchtige, selbstbewusste Frau mit eigenen Berufsplänen ihnen keine Angst mehr macht. Auch Richard hat genügend eigene Pläne für seine berufliche Zukunft und noch einiges an Herausforderungen zu bestehen. Und daher können die beiden sich unterstützen und sich hilfreich zur Seite stehen.

Nun denn, Richard, dein großes Löwenherz hat gesiegt. Nun denn, Verena, dich hat der Schritt Mut und Kraft gekostet. Daher meinen herzlichen Glückwunsch zu dieser wunderbaren Entscheidung. Viel Glück und viel Freude für euch beide.

THEMA **Drum prüfe ...**
TON besinnlich, festlich
REDNER Großvater / Großmutter

Liebes Brautpaar, liebe Eltern, verehrte Trauzeugen, werte Verwandtschaft und liebe Freunde,

ich bin sehr erfreut, dass ich diese Rede zu Ehren unserer lieben Amelie und unseres lieben Vincent an ihrem Hochzeitstage an das Brautpaar und an alle Gäste richten darf.

Ihr ganzes Leben lang haben sich diese beiden Menschen auf dieses große Ereignis gefreut. Sie sind durch gemeinsam durchlebte Jahre auf die Ehe vorbereitet. Unsere Brautleute haben beide schon seit langem eine innige Beziehung, in der sie Erfahrungen sammeln und ihre Liebe erproben konnten. Denn wie sagt Schiller im »Lied von der Glocke« so treffend:

Drum prüfe, wer sich ewig bindet,
Ob sich das Herz zum Herzen findet!

Hier haben sich nun wahrlich zwei Herzen gefunden, geprüft und beschlossen, ihr künftiges Leben als Ehepaar zu verbringen. Ich wünsche euch im Namen der Hochzeitsgäste dazu von ganzem Herzen alles Liebe und Gute.

Liebe Amelie, mein lieber Enkel Vincent, euer gemeinsames Leben sei gekennzeichnet durch aufrichtiges Verständnis, gegenseitige Achtung und tiefe Liebe. Mögt ihr in Zweisamkeit die Wonnen des Ehelebens genießen und euch im Alltagsstress und bei Problemen immer Kraft und Halt geben. Euer Leben sei erfüllt von vielen Freuden und vielen gemeinsamen Unternehmungen. Lasst uns daher das Glas erheben auf das Glück und die Zukunft des Brautpaares.

THEMA **Mistel-Magie**
TON scherzhaft, persönlich
REDNER Bruder der Braut

Liebe Melle, lieber Theo, liebe Verwandte, liebe Freunde!

In der Juristerei wird immer wieder die Schuldfrage gestellt: Wer ist daran schuld, dass A auf B traf und die beiden einen Zusammenprall hatten, oder so ähnlich. Nun denn, lassen Sie uns, liebe Hochzeitsgäste, dieser Frage nachgehen. Viele denken, ich wäre daran schuld, dass Theo und Melle sich kennen gelernt haben. Weit gefehlt! Dort sitzt die wohlwollende Übeltäterin, Theos Tante Heidi Breidscheid. Seht nur alle hin zu ihr! Hätte sie dem armen Studenten nicht finanziell unter die Arme gegriffen, hätte er nicht auf Kongresse gehen können, und dann hätten wir uns vielleicht nie kennen gelernt.

Das war 1999 auf dem Physikerkongress in Madrid. Die gemeinsame Liebe zur experimentellen Physik und zum spanischen Rotwein, der Rioja war aber auch ein süffiger Tropfen, ließ ein angeregtes Gespräch entstehen. Wir tauschten Adressen aus und schrieben uns gelegentlich E-Mails. Theo zog es nach Texas, mich nach Basel und von dort aus nach München, wo ich mit meinem lieben Schwesterlein eine Zeit lang eine Wohnung teilte.

TIPP *Wenn Sie sich für das Ablesen einer Rede entscheiden, dann ist es wichtig, diese zuvor einige Mal – vielleicht gar vor »Publikum« – zur Übung zu lesen, damit Sie die Stellen, an denen Sie ins Stocken kommen, kennen und darauf vorbereitet sind, oder auch noch ändern können.*

Dann führte die Schicksalgöttin Regie und dirigierte Theo nach München. Da er dort niemanden außer mir kannte, sahen wir uns gelegentlich auch zu dritt. Doch zwischen den beiden hat es nicht gefunkt, die Schicksalsgöttin war wohl anderweitig mit Liebesdingen beschäftigt. Als ich dann mit Irene, meiner Frau, zusammenzog, nahm die Göttin das schicksalsschwere Zepter endlich in die Hand. Bei unserer House-warming-Party, die wir auf den Silvesterabend legten, trafen Theo und Melle in feucht-fröhlicher Runde wieder aufeinander. Einem alten Brauch zufolge küssten sich alle Paare – auch Tanzpaare – zum Jahreswechsel unter dem Mistelzweig, so auch die beiden Singles, diese jedoch recht verhalten auf die Wangen. Trotzdem: Dabei hat es wohl bei ihm gefunkt.

Theo meldete sich nun regelmäßig bei Melle und lud sie zu Ausflügen ein, auch mal ins Kino und dann ins Theater oder in die Oper, oder er führte sie zum Essen aus – er machte ihr also, ganz Gentleman der alten Schule, klassisch den Hof. Das fiel selbst Melle auf, die bislang für solche Dinge, bitte entschuldige, Melle, blind wie ein Huhn war. Theo nahm nun das Schicksal selbst in die Hand. Und da Liebe bekanntlicherweise durch den Magen geht, lud der begnadete Hobbykoch Melle zu einem lukullischen Mahl zu sich nach Hause ein. Er servierte Melles Lieblingsessen, kredenzte ihren Lieblingswein und tanzte mit ihr bei Kerzenschein unter einem Mistelzweig ... Auch Physiker können abergläubisch sein! Und es gab Zeiten, auch erst vor Kurzem, in denen solch ein Glaube noch geholfen hat!

Haben die Hochzeitsgäste noch Fragen? Damit ist die Rede mit den allerbesten Glückwünschen für meine Schwester und meinen besten Schwager-Freund Theo geschlossen. Das frisch vermählte Paar ist somit in den glücklichen Ehestand entlassen. Alles Gute für euch beide!

THEMA **Dem Brautpaar**
TON besinnlich, heiter
REDNER Bruder der Braut

Liebe Judith, lieber Marco, liebe alte und neue Verwandte, liebe Freunde!

Als die Geschwisterschar einen Redner wählte, fiel die Wahl auf mich, ganz nach dem Motto: »Sei nicht feige, lass mich auf den Baum!« Da ich erwiesenermaßen weder ein Mensch großer Worte noch ein geborener Redner bin, aber dennoch unserer lieben Schwester und ihrem sympathischen Mann liebevolle, wohlgesetzte Worte mit auf ihren Weg als Ehepaar geben möchte, erteile ich nun einem Dichter das Wort. August Friedrich Ernst Langbein heißt er. Wahrscheinlich kennen auch die Literaturexperten unter euch diesen Dichter nicht, ich kannte ihn natürlich erst recht nicht. Aber er hat uns Gedanken zur Heirat mitgeteilt, die unser Brautpaar beherzigen sollte, besser spät als nie. Also:

Das Großvaterlied

Als der Großvater die Großmutter nahm,
Da wusste man nichts von Mamsell und Madame;
Die züchtige Jungfrau, das häusliche Weib,
Sie waren echt deutsch noch an Seel' und an Leib.

Als der Großvater die Großmutter nahm,
Da herrschte noch sittig verschleierte Scham;
Man trug sich fein ehrbar und fand es nicht schön,
In griechischer Nacktheit auf Straßen zu gehn.

Als der Großvater die Großmutter nahm,
Da war ihr die Wirtschaft kein widriger Kram;
Sie las nicht Romane, sie ging vor den Herd,
Und mehr war ihr Kind als ein Schoßhund ihr wert.

Als der Großvater die Großmutter nahm,
Da war es ein Biedermann, der sie bekam;
Ein Handschlag zu jener hochrühmlichen Zeit
Galt mehr als im heutigen Leben ein Eid.

Als der Großvater die Großmutter nahm,
Da rief noch der Vaterlandsfreund nicht vor Gram:
O gäbe den Deutschen ein holdes Geschick
Die glücklichen Großvaterzeiten zurück!

So weit Herr Langbein. Er hat das Gedicht vor etwa 200 Jahren geschrieben. Interessant, nicht? Wir denken doch immer, damals wäre die Welt noch in Ordnung gewesen. Natürlich erwarten wir jetzt, dass Judith gleich morgen früh alle bauchfreien Tops aus ihrem Schrank holt und in die Altkleidersammlung gibt und dass sie ihren Laptop gegen ein Kochbuch eintauscht, um ein echt deutsches, häusliches Weib zu werden. Und Marco stellt sich vor den Spiegel und übt den Blick des echten Biedermanns, das bitte ich mir aus, und dass er mich ab heute mit einem hochrühmlichen Handschlag begrüßt, ist wohl selbstverständlich!

Scherz beiseite. Wir alle sind froh, dass es die Rollenzwänge, die das alte Gedicht beschreibt, nicht mehr gibt. Bleibt, wie ihr seid, ihr zwei, lasst euch nichts vorschreiben und werdet glücklich!

TIPP *Besonders bei Gedichten ist mehrmaliges lautes Übungslesen wichtig, damit Sie den Rhythmus beherrschen, die Betonungen richtig setzen und bei mehreren Strophen nicht außer Atem kommen. Sprechen Sie Gereimtes immer langsam und mit Bedacht.*

THEMA **Dauersingle**
TON **locker, liebevoll**
REDNERIN **Patentante**

Liebe Simone, lieber Jan, liebe Hochzeitsgäste!

Eine Anekdote frei nach dem Motto: Wie das Leben so spielt. Der Heiratswütige kommt am Freitag zum Pfarrer und bestellt für Montag die Hochzeit. »So rasch lässt sich das nicht bewerkstelligen«, wendet der Pfarrer ein. »Machen Sie, was Sie wollen!« erwidert der Ungeduldige. »Ich fange am Montag an.«

So ähnlich ist es wohl dem Standesbeamten mit unserem Jan ergangen. Als überzeugter Dauersingle, so nennt man die Heiratsscheuen wohl heutzutage, konnte es ihm, dem Doktoranden der Chemie, dann plötzlich nicht schnell genug gehen.

Also, es war einmal ein Chemiedoktorand, der völlig auf sein Studium konzentriert und an Frauen scheinbar überhaupt nicht interessiert war. Ungebunden zu sein bedeutet für ihn auch Freiheit. Die Freiheit, keine Rücksicht auf einen Partner nehmen zu müssen und mehr Zeit zu haben – für das Studium, die Promotion, für sich und für seinen Freundeskreis. Mich als Patentante erfüllte das, zugegeben, mit etwas Unbehagen. Denn ich wünschte mir doch sehr, dass Jan eine patente Frau findet, mit der er die Aufs und Abs des Lebens teilen und gemeinsam meistern kann.

Darauf angesprochen, sagte der hoch gewachsene Doktorand, dass er gar nicht wisse, wo er die Zeit für eine feste Beziehung hernehmen sollte. Seine Arbeit nehme ihn doch viel zu sehr in Anspruch. Und darüber hinaus arbeite er wochentags an seinem Institut, in seiner wenigen Freizeit treffe er sich mit Freunden, um ins Kino zu gehen oder einfach bei einem Bier, um zu plaudern.

Beim Bier hat er sich eines Abends mit einer Studienkollegin, die rein zufällig zu der Runde stieß, verplaudert. Und das hat ihm so sehr gefallen, dass er vom

Plaudern mit ihr nicht genug bekam. Und damit dann künftig keiner mehr dazwischenplaudert, machte er ihr kurz entschlossen einen Antrag, denn Zeit für eine umständliche Werbung mit all dem romantischen Drumherum hatte er nicht, denn er war ja noch immer sehr mit seiner Promotion beschäftigt. Und so stand er dann mit seinem ungeduldigen Ansinnen beim Standesbeamten. Uns, seine Familie, hatte er natürlich zuvor, so wie wir ihn kennen und auch lieben, kurz und knapp informiert.

Und um Liebe geht es heute. Ich wünsche euch, liebe Simone und lieber Jan, dass die innigen, aufrichtigen Gefühle, die euch verbinden, euch alle Herausforderungen des Lebens miteinander bestehen lassen. Denn ihr scheint wie füreinander geschaffen, und daher bedurfte es auch keiner langen Probezeit. In der Ehe lassen sich so oder so viele Dinge erst gemeinsam erproben. Und dabei ist ganz wichtig das Gespräch. Womit bei euch ja alles begann.

Ich wünsche euch viel Glück und viele gute Gespräche!

THEMA **Zahlenmystik**
TON locker, liebevoll
REDNER Patenonkel

Liebe Nina, lieber Marcel, verehrte Gäste,

wie alle wissen, die mich kennen, bin ich ein Zahlenmensch. Durch und durch ein Zahlenmensch. Alles, was sich in Zahlen fassen lässt, begeistert mich und regt mich zum Nachdenken an. Zahlen langweilen die meisten Leute, und dennoch wohnt ihnen etwas Magisches inne. Eine Magie, die uns Menschen seit Jahrtausenden beschäftigt, bis zum heutigen Hochzeitstag von Nina und Marcel. Eine Magie, die ihrer beider Leben auch künftig durchziehen wird.

Die antike und mittelalterliche Magietradition wurde aus vielen Strömungen gespeist, wobei persische, babylonische und ägyptische Überlieferungen die Grundlage von so genannten wissenschaftlichen Systemen, also von geordneten Vorschriften, Regeln und Bräuchen bildeten. So viel als Vorspann.

Eine Regel und ein Brauch schreiben der Zahl Sieben magische Qualitäten zu, denn es ist durchaus kein Zufall, dass der christliche Gott die Welt in sieben Tagen erschuf. In Mythologie und Kirche gibt es gleich noch mehr davon: Sieben Schöpfungstage, sieben magere sowie fette Jahre, sieben Sakramente, sieben Todsünden, sieben Tugenden, siebenfältige Gnade und anderes mehr. Das hat das Volksgut gleich aufgegriffen und sieben Raben, sieben Geißlein und Sieben auf einen Streich kreiert. Doch auch Philosophie und Wissenschaft lassen sich nicht lumpen und kontern mit den sieben Weisen Griechenlands, den sieben Weltwundern und den sieben freien Künsten.

Bevor ich nun noch die sieben Kurfürsten gegen die sieben Samurai antreten lasse und die sieben Schwaben in den Krieg mit den Sieben gegen Theben schicke, löse ich meinen gordischen Zahlenknoten mit einem Streich:

Marcel, mein lieber Patensohn, ist nicht nur an einem Siebten im siebten Monat geboren, sondern auch an einem Siebten volljährig geworden – wie man merkt, steckt da Methode dahinter – und heiratet seine charmante Braut an einem Siebten in einem Jahr mit einer Sieben. Was will uns das sagen? Mit der Antwort müssen wir uns sicher bis zum siebten Ehejahr gedulden, das doch das verflixte sein soll.

Dennoch möchte ich mit Ihnen das Glas darauf erheben, dass das glücklich strahlende Brautpaar künftig den siebten Sinn in allen Ehe- und Lebensfragen hat und mit Siebenmeilenstiefeln in den siebten Ehehimmel strebt. Alles siebenfach Gute für euch beide!

THEMA **Liebe nach No(ö)ten**
TON **humorvoll, ironisch**
REDNER **Freund / Trauzeuge**

Liebes Brautpaar, liebe Hochzeitsgesellschaft, liebe Freunde!

Wie es um Konrads Überlegungen und um sein Herz geschah, was einem verliebten, verträumten Musiker auf dem Weg in die Ehe so alles durch Sinn und Gefühl geht, niemand kann dies treffender und ironischer beschreiben als unser aller Freund, der Herr des Katers Murr – E. T. A. Hoffmann – wobei der Text an einigen wenigen Stellen leicht der heutigen Situation angepasst ist:

Da begann aber auf Konrads Antlitz jenes seltsame Muskelspiel, das den Geist der Ironie zu verkünden pflegte, der seiner mächtig worden. »Hoho«, sprach er, »hoho! Ihr alle habt Unrecht, habt durchaus Unrecht. Ihr irrt euch in meiner Person, werdet konfuse durch das Gewand, das ich angelegt, um unter der Maske einige Zeit hindurch die Leute zu foppen ...! – Bin ich denn nicht ein passabler Mensch, noch in den besten Jahren, von leidlich hübschem Ansehn und sattsam gebildet und artig? – Kann ich nicht den schönsten schwarzen Frack ausbürsten, ihn anlegen und, was die Unterkleider betrifft, ganz Seide, keck hineintreten vor jede rotwangichte Professors-, vor jede blau- oder braunäugichte Hofratstochter und, alle Süßigkeit des zierlichsten Liebhabers in Gebärde, Antlitz und Ton, ohne weiteres fragen: ›Allerschönste, wollen Sie mir Ihre Hand geben und Ihre ganze werte Person dazu, als Anhängsel derselben?‹ Und die Professorstochter würde die Augen niederschlagen und ganz leise lispeln: ›Sprechen Sie mit Papa!‹ oder die Hofratstochter würde mir gar einen schwärmerischen Blick zuwerfen und dann versichern, wie sie schon lange im Stillen die Liebe bemerkt, der ich nun erst Sprache geliehen, und beiläufig vom Besatz des Brautkleides sprechen. Und, o Gott! die respektiven Herren Väter, wie gern würden sie die Tochter losschlagen auf das Gebot einer solchen respektablen Person, als es ein großherzoglicher Ex-Studiosos der Musik ist! – Aber ich könnte mich auch versteigen in das höhere Romantische, eine Idylle beginnen und der schlichten

Pachterstochter mein Herz offerieren und meine Hand, wenn sie eben Ziegenkäse bereitet, oder, ein zweiter Don Quijote, in die Mühle laufen und meine Göttin suchen in den Himmelswolken des Mehlstaubs! – Wo würde ein treues ehrliches Herz verkannt werden, das nichts will, nichts verlangt als Hochzeit – Hochzeit – Hochzeit! – Kein Glück in der Liebe? – Ihr bedenkt gar nicht, dass ich eigentlich recht der Mann dazu bin, um in der Liebe ganz horrend glücklich zu sein, deren einfaches Thema weiter nichts ist als: ›Willst du mich, so nehm ich dich!‹, dessen weitere Variationen nach dem Allegro brillante der Hochzeit dann in der Ehe weiter fortgespielt werden.

Und wenn sie nicht geschieden werden, dann spielen sie die Variationen der Ehe bis an ihr Lebensende.«

Liebe Susanna, lieber Konrad, trefflicher als E. T. A. Hoffmann könnte keiner aus der Freundesschar den Bräutigam beschreiben. »Wo würde ein treues ehrliches Herz verkannt werden, das nichts will, nichts verlangt als Hochzeit – Hochzeit – Hochzeit!« So erging es ihm, dem Unentschiedenen, nachdem er auf Susanna getroffen war.

Doch ob Susanna, die Augen niederschlagend, ganz leise lispselte: ›Sprechen Sie mit Papa!‹ – das wagen wir doch sehr zu bezweifeln!

Heute gaben sich also unser Musikus Konrad und seine Dirigentin Susanna, und etwas Leitung braucht der liebenswerte Tagträumer, das Ja-Wort. Nun denn:
Als Nächstes erscheinen dann die Schriften von Susannas Kater Max, so wie die seines berühmten Vorgängers, des Katers Murr. Aus diesen Schriften werden wir dann über die Freuden des Ehelebens im Hause des heutigen Brautpaares informiert. Und wir sind schon gespannt, wer in welchen Dingen wohl den Ton angeben wird. Dass es alles in allem eine freudige Musik werden wird, daran besteht kein Zweifel. Ich wünsche euch beiden alles Glück dieser Welt! Auf euer Wohl!

THEMA **Chat ist ist keine Sünd'**
TON locker, persönlich
REDNERIN Freundin der Braut

Liebe Ann-Kathrin, lieber Lukas, liebe Hochzeitsgäste,

es waren einmal zwei Frauen, die zusammenwohnten und sich gemeinsam einen Computer kauften. Mit diesem machten sie sich auf in die weite, weite Welt des Internet. Dabei entdeckte eine der beiden auch das Chatten, womit letztlich ein romantisches Märchen der Neuzeit begann.

Machte Ann-Kathrin während der Prüfungsvorbereitungen eine Pause oder war sie all der Paukerei überdrüssig geworden und wollte dennoch nicht aus dem Haus, loggte sie sich bei Lykos im Chat ein. Sie hatte per Chat schon einige nette Leute kennen gelernt, als eines Tages »hugo76« online war und die beiden sich ganz locker über dies und das zu schreiben begannen. Nach einiger Zeit erzählten »hugo76« und »mops01«, wie Ann-Kathrin sich nannte, einander ihre Lebensgeschichten, Humoriges, Urlaubs- und sonstige Pläne, was ich an unserem Küchentisch dann auch alles erfuhr. Und ich war einfach platt! Platt darüber, was Menschen sich alles erzählen können, ohne sich jemals gesehen zu haben oder gar zu kennen! Meine Welt war das ja nicht, und dennoch fand ich das alles superspannend! Und die Dinge nahmen in dieser virtuellen Welt ihren Lauf.

Da »hugo76« auch aus Berlin war, beschlossen die beiden, sich zu treffen. Und Ann-Kathrin war aufgeregt wie ein Teenager vor seiner ersten Verabredung. Doch an dem Tag der Tage fiel der erste Schnee, und zwar gleich so viel, dass in Berlin, wie das jedes Jahr so ist, ein Verkehrschaos alles lahm legte. Auch das Date.

Doch »aufgeschoben ist nicht aufgehoben«, wie unsere schwäbischen Landsleute sagen, und so nahmen die beiden einen zweiten Anlauf. Diesen, ich habe mich halb totgelacht, verpatzte dann die übernervöse Ann-Kathrin mit einem Doppelfehler: Falscher Ort und falsche Zeit. Es war wie im Märchen, wie bei den beiden

Königskindern – »hugo76« und »mops01« sollten wohl nicht zueinander finden. Und Ann-Kathrin war dermaßen unglücklich und so wütend über sich selbst, dass sie fast den dritten Anlauf nicht mehr gewagt hätte.

Letztlich hat sie es ein drittes Mal gewagt, und dieser Versuch klappte – in jeder Hinsicht. Ab da telefonierten und sahen die beiden sich regelmäßig und unternahmen als »gute Freunde« viel miteinander. »hugo76« kam auch zur mündlichen Abschlussprüfung an die Uni, feierte mit uns »mops01«-Examen, kam zum Weinchen ab und an abends in unsere Wohnung geschneit, und irgendwann ist er dann auch geblieben. Ich wünsche euch, liebe Ann-Katrhin und lieber Lukas, alles Liebe und Gute!

TIPP *Die persönliche Anrede am Schluss bindet das Brautpaar nochmals ganz in die Rede zu ihren Ehren ein. Halten Sie dabei Blickkontakt mit den beiden, das erhöht Ihre Präsenz, und Sie ziehen die beiden sozusagen in Ihren »Bann«.*

THEMA **Aushilfsweise**
TON locker, unterhaltend
REDNERIN Freundin der Braut

Liebe Tatjana, lieber Sven, liebe Bekannte und liebe Unbekannte,

nach all den anderen Reden werde ich nun nicht die ganze Lebensgeschichte von Tatjana seit unserer Sandkastenfreundschaft bis zu ihrem Hochzeitstag erzählen, sondern mich kurz fassen, denn im Grunde ist es auch keine lange, aber eine richtig schöne Geschichte.

Anfang des Jahres 2003 hatte Tatjana keine gute Zeit: Sie hatte vor Weihnachten eine Trennung hinter sich gebracht, da diese Beziehung sich seit Langem nur noch dahinschleppte, lag Weihnachten und Neujahr mit einer heftigen Grippe im Bett, von der sie sich nur langsam erholte, und verlor Ende März auch noch ihren Job als Arzthelferin. Da hatte sie nun erstmal genug und wollte nichts anderes als ihre Ruhe; Ruhe und einen richtig ruhigen Job. So nahm sie einen Aushilfsjob an einer Tankstelle an, damit sie nachdenken und sich neu sortieren konnte.

Sortiert wurde sie, und zwar rascher, als sie dachte, denn bereits an ihrem zweiten Arbeitstag kam morgens Sven herein, wobei er nur eine Butterbrezel wollte. Doch seine ganze Art, sein Lachen, seine Ausstrahlung – all das erreichte Tatjana sofort in ihrem seelischen Tief. Und wie das Schicksal es wollte, kam er jeden Morgen und holte sein Frühstück, da er gegenüber in einer Werbeagentur arbeitete. Und diese machte einige Wochen später ein Hoffest mit allen Kollegen, den Kunden und Freunden der Agentur, ein Fest, zu dem Sven Tatjana einlud. Sie ließ sich die Chance, diesen Mann besser kennen zu lernen, natürlich nicht entgehen. Dem fröhlichen Abend folgten weitere. Sven und Tatjana gingen gemeinsam mal was trinken oder ins Kino. Tatjana war gern mit Sven zusammen. Er wohl auch mit ihr. Mehr war nicht.

Dann fuhr Sven zwei Wochen mit Freunden in den Urlaub. Danach wollten sie sich dann wieder mal treffen. Doch mit der Distanz wuchs die Sehnsucht, und die beiden »simsten« oder telefonierten jeden Tag miteinander. Wie sagte Tatjana: »Die Handyrechnung war so hoch, da hätte ich fast mitfliegen können!« Sie konnte es auch kaum erwarten, ihn wiederzusehen.

Und es gab ein wunderschönes Wiedersehen mit allem, was so dazugehört, vom Herzklopfen bis zum ersten Kuss, und eine wunderbare Beziehung. Auf diese wollen wir heute nun anstoßen.

THEMA **Mission impossible**
TON **locker, erzählend**
REDNERIN **Freundin der Braut**

Liebe Nikola, lieber Björn, liebe Hochzeitsgesellschaft,

meine liebste Freundin Nikola hatte, da war sie sich sicher, mit den Männern abgeschlossen und ihr Leben als Single ganz bewusst eingerichtet. Freunde aus unterschiedlichen Bereichen, von der Arbeit, vom Sport, von früher aus den WG- und sonstigen Zeiten, füllten ihr Leben aus. Sie hatte viele Interessen, vom Joggen in der Frauengruppe über den Lektürekreis bis zu Konzert- und Theaterbesuchen, und sie genoss gemütliche Geselligkeit in jeder Form. Sie kümmerte sich rührend um David, meinen Sohn, den wir sozusagen als alleinerziehende Mütter gemeinsam großzogen. Daher, aber nicht allein deshalb ist es sehr schön, dass wir Tür an Tür wohnen. Jahrelang ging das alles so seinen geregelten Single-Gang. Und dann kam Björn. Nicht, dass wir Björn nicht schon gekannt hätten. Er war ein alter Kollege von früher, mit dem wir bereits fröhliche Feten gefeiert hatten. Und dennoch – es war genau wie in dem Lied »1000 und eine Nacht«, in dem es heißt: »Tausendmal berührt, tausendmal is nix passiert.«

Und genauso war es plötzlich um Björn geschehen. Jahrelang waren Nikola und er Kollegen auf der gleichen Station, und plötzlich verliebte er sich über Nacht bis über beide Ohren in sie. Und als Nikola, die Schreckhafte, das bemerkte, hielt sie ihn auf doppelte Armeslänge von sich fern, obgleich ... Na ja. Ganz so eindeutig war es dann doch wieder nicht. Denn sie liebte es, Zeit mit Björn zu verbringen; am Wochenende an einen See zum Zelten zu fahren, im Autokino Popcorn zu futtern, nächtelang mit ihm durchzuplaudern. Und sie vermisste ihn, wenn er nicht da war. Gesagt hat sie das nicht, aber gemerkt habe ich das schon. Wozu wohnt man denn Tür an Tür!

Dann wurde Björn in seinem Werben konkreter, und konkreter wurde auch Nikola – im Distanzhalten. Eine zart aufkeimende, viel versprechende Beziehung war unversehens an einen frostigen Nullpunkt gekommen. Als Björn bemerkte, dass er sich auf einer »mission impossible« befand, ging er verständlicherweise auch auf Distanz. Darunter litt natürlich die Freundschaft, denn so leicht lässt sich das eine vom anderen doch nicht trennen. Und Nikola litt. Etwa nur unter der abgekühlten Freundschaft?

Wie geht es in dem Lied so treffend weiter: »Oh, wie viele Nächte wusst' ich nicht, was gefehlt hat. War nie drauf gekommen, denn das warst ja du.« Da Nikola aus lauter Angst vor einer Beziehung nicht drauf kam, was ihr denn fehlte, fasste ich mir ein Herz und nahm mir meine liebste Freundin zur Brust. Nach einer durchredeten Nacht traute sich Nikola, zu ihren Gefühlen zu stehen, und machte sich mit flatternden Schmetterlingen im Bauch auf zu Björn. Ob er eine Beziehung zu ihr noch wollte? Oder ob es nun schon zu spät war?

Doch die Kraft der Liebe hat auf einen Streich ein »Happyend« geschaffen. »Don't worry, be happy« – das möge das Motto eurer Ehe sein!

THEMA **Internet – nein danke!**
TON **humorvoll, unterhaltend**
REDNERIN **Freundin der Braut**

Liebe Luca, lieber Martin, liebe Bekannte und Unbekannte!

Luca und Martin, ein Paar wider Willen. Zumindest, was Luca betrifft. Luca konnte ich nämlich nur mit einem steten Wechsel aus geballter Wortgewalt und sanftem Zureden dazu bringen, sich mit einer Internet-Kontaktagentur zu beschäftigen. Partnersuche im Internet – aber doch nicht für eine Psychologin wie Luca!!! Die geht ihre Dinge doch ganz anders an. Und dennoch: Während einer langweiligen Schicht hat sie dann nur so aus Neugier mal auf die Webpage geguckt und aus rein beruflichem Interesse – versteht sich! – den Test gemacht und ist dann einfach so mir-nichts-dir-nichts reingerutscht. Keiner weiß, wie es so kam, und schon gar nicht meine liebe Freundin, denn eine Psychologin kann sich auf solch einem Weg doch nicht verlieben. Und das hatte sie auch nicht im Sinn, das glaube ich ihr wirklich.

Nun denn, es kam, wie es bei Luca einfach kommen musste: Halbe Sachen sind ihre Sache nicht, und so ließ die berufliche Neugier unsere tatkräftige Luca aktiv werden, und sie antwortete selbst auf einige Kontaktgesuche aus der Region. Darunter war auch ein Mann, der recht geistreich und witzig zurückschrieb. Und geistreicher Witz – darauf springt Luca an! Einige flotte Mails später stellte sich heraus, dass der Mann gar nicht aus der Region mittlerer Neckarraum war, sondern derzeit in Australien lebte. Aber eigentlich stammte er wie Lucas bester Studienfreund Oskar aus Nürnberg, und er war mit Oskar zur Schule gegangen! Na, Nummer raussuchen und anrufen war doch eins. Und Oskar konnte Martin nur wärmstens empfehlen. Doch war das noch nötig? Hatte es Luca nicht schon längst erwischt? Obgleich Frau Psychologin so was doch nicht passiert! Ihr nicht!! Sie kann sich doch nur von Angesicht zu Angesicht in einen Kerl verlieben!

Händeringend, oder soll ich eher sagen: gefühleringend wandte sie sich an ihre engsten Freunde. »Wo bleibt denn da meine Professionalität? Ich mache mich in meinem Beruf doch völlig unglaubwürdig! Verlieben aufgrund von Mails! Einfach unsinnig und vor allem unlogisch!« Doch seit wann haben Gefühle was mit Logik zu tun? Daraufhin spaltete sich die Freundesschar in zwei Lager: Die einen rieten zu mehr Mut, die anderen zu mehr Vernunft. Luca blieb nichts anderes, als ihren eigenen Weg zu gehen. Und der führte direkt zum Telefon. Danach stiegen die Telekomaktien, doch bevor der Dax dann auch noch zu steigen begann, kam Martin nach Deutschland zurück. Seine Zeit als Gastdozent in Sydney war abgelaufen. Und der Stuttgarter Flughafen erzitterte vor bangem Herzklopfen. Er kam, sie sahen sich, und die Gefühle siegten! Fast wie ein modernes Märchen. Und wenn sie nicht gemailt hätten, dann suchten sie sich noch heute.

Ich freue mich über euer Glück! Alles Liebe für euch zwei beide!

THEMA **Ein Bierchen in Ehren**
TON **locker, erzählend**
REDNERIN **Freundin der Braut**

Liebe Renate, lieber Stefan, liebe Gäste!

Es war ein Tag wie ein Albtraum, alles ging schief, und Stefan kam völlig zerschlagen nach Hause. Und es regnete in Strömen. Man hätte keinen Hund mehr vor die Tür gejagt. Kurzum: Es war ein Abend, um eigentlich zu Hause zu bleiben. Doch Stefan wollte noch mal los, um nicht jetzt mit seinen Gedanken alleine zu sein. Und Renate wollte auch nichts weiter, als bei einem Bier etwas entspannen, nicht ahnend, welche Folgen solch ein Bierchen haben könnte.

Bei »Udos«, seiner Stammkneipe, war es Stefan an diesem Abend zu laut und zu voll. Da zog er eine Häuserecke weiter ins »Pub«, wie die zur Kneipe umgebaute Tankstelle nun heißt. Bei mäßig lauter Musik fand er noch einen Platz an der Bar. Renate hingegen wollte schon wieder gehen, als der Platz neben Stefan frei wurde. Irgendwie gefiel ihr der Typ, und sie sprach ihn an, was sonst, das könnt ihr mir glauben, keineswegs ihre Art ist. Und Stefan, der, was Fremde betrifft, das habe ich mir sagen lassen, eher abweisend ist, kam mit ihr ins Gespräch.

Aus dem einen Bierchen wurde ein zweites, und gar zweistimmiges Gelächter wurde vernommen – so die befragten Zeitzeugen. Und die beiden versackten, bis Karl-Heinz, der Wirt, der Sache für diesen Abend ein Ende machte und sie freundlich, aber bestimmt vor die Tür setzte. Dass sie die Letzten waren, hatten sie überhaupt nicht mitbekommen. Kurzerhand tauschten sie Telefonnummern, damit man sich auch mal wieder treffen könnte.

Das nächste Wiedersehen ließ nicht lange auf sich warten, und seit einiger Zeit machen sich die beiden nach einem Bierchen auf den gemeinsamen Heimweg. Und gemeinsame Wege wollen die beiden auch in Zukunft gehen. Dafür wünschen wir euch beiden von ganzem Herzen viel Glück und viel Freude!

THEMA **Kleine Änderungen – guter Gerstensaft**
TON locker, kurzweilig
REDNER Freund des Brautpaars

Liebes Brautpaar, liebe Freunde, verehrte Gäste!

Ich wurde gebeten, dem glücklichen Paar einige passende Worte mit auf den gemeinsamen Lebensweg zu geben. Was ich nur zu gern tue! Mich verbindet eine lange und besonders innige Freundschaft mit dem Bräutigam und – seit Paul seine Andrea kennen und lieben lernte – auch mit der Braut. Seit vielen Jahren ziehen wir gemeinsam um die Häuser, haben viel Zeit miteinander verbracht und eine Menge Spaß gehabt und werden diesen auch künftig haben. Natürlich hatte ich zunächst Bedenken, all das könnte durch eine Heirat anders werden – aber realistisch betrachtet wird sich wohl nichts ändern außer der Tatsache, dass die beiden künftig eine Menge Steuern sparen.

Wir werden auch in Zukunft gemeinsam das Leben genießen, aller Unbill des Lebens trotzen und ihm seine schönsten Seiten abringen. Und da die beiden als Eheleute jetzt so viel Geld sparen, können sie mir und uns noch öfter einen solch guten Tropfen oder so schmackhaften Gerstensaft ausschenken wie heute.

Ich hebe mein Glas auf die Liebe und das Glück der beiden und auf unsere Freundschaft!

TIPP *Beenden Sie Ihre Rede nie mit einem profanen »Prost«, das klingt viel zu sehr nach Stammtisch und wird daher dem Anlass nicht gerecht. Wählen Sie eine passendere Formulierung mit Bezug auf das Brautpaar. An dieser Stelle können Sie auch einen Toast ausbringen (s. Seite 105).*

THEMA **Möglich, wenngleich auch schwierig**
TON locker, nachdenklich
REDNER Freund des Brautpaars

Liebe Eva, lieber Gregor, verehrte Hochzeitsgäste,

mein Rechtsanwalt hält die Ehe, an der ihn vor allem berufliche Erfahrungen wohl zweifeln lassen, für durchaus möglich, wenngleich auch für schwierig. Wobei Ehe nicht gleich Ehe ist. Er meint natürlich die wirkliche, die lebendige Ehe. Was unterscheidet eine solche Ehe von anderen?

Zu den Voraussetzungen einer wirklichen Ehe rechnet er unter anderem: Das Bewusstsein davon, dass wir kein Anrecht haben auf die Liebe unseres Partners. Wir müssen uns um diese Liebe immer aufs Neue bemühen und um den anderen werben. In dem Moment, wo einer der beiden oder gar beide Partner glauben, des anderen sicher zu sein, haben sie sich meist schon verloren

Des Weiteren ist die lebenslängliche Bereitschaft für das Lebendige, für die Veränderung wichtig. Denn wie sagte bereits Heraklit so treffend: »Das einzig Beständige ist die Veränderung.« Dem Unerwarteten stehen damit Tür und Tor offen. Nicht für irgendwelche Abenteuerchen, sondern für das Wagnis. Das Wagnis als Paar in einer dauerhaften Partnerschaft.

Unerlässlich ist außerdem die lautere Offenheit beider, den Nöten und Sorgen des anderen und der gemeinsamen Umwelt gegenüber. Mut, zueinander zu stehen, und gemeinsamer Mut gegenüber der Umwelt. Beständig in beidem, in Offenheit und Mut.

Liebe Eva, lieber Gregor, ihr beide habt bereits eure Erfahrungen mit der Ehe gemacht. Daher wisst ihr nicht nur um diese Dinge, sondern habt all das in eurer langjährigen Partnerschaft gelebt. Ihr wisst, dass eine Partnerschaft oder Ehe schwierig ist, und habt es dennoch für euch möglich gemacht, respekt- und liebevoll miteinander zu leben. Daher ist mir um euch beide als Paar nicht bange, daher erhebe ich auf euch als Ehepaar frohgemut das Glas! Möge euch alles nach Wunsch gelingen, was ihr anpackt!! Alles Gute!

*Denk daran, dass eine gute Ehe von zwei Dingen abhängt: erstens, den richtigen Menschen zu finden, und zweitens, der richtige Mensch zu sein.*
JACKSON H. BROWN

THEMA **Zurück in die Zukunft**
TON besinnlich, unterhaltend
REDNER Freund des Brautpaars

Liebes Brautpaar, werte Hochzeitsgäste!

Es ist mir eine große Freude und Ehre, meinen lieben Freunden an ihrem »Hoch-Zeits«tag einige Worte widmen zu dürfen. Lange habe ich mir den Kopf zerbrochen, was ich euch für eure gemeinsame Zukunft sagen und mitgeben möchte, welche Worte für diesen Ehrentag angemessen sind.

Gerne blicke ich mit Freude und Stolz auf eine lange Freundschaft zwischen uns dreien zurück. Erinnerungen an unsere Schulzeit, an gemeinsame Erlebnisse und Abenteuer ebenso wie an lange ernste Gespräche über den Sinn der Welt, über Träume und Ziele, Wünsche und Hoffnungen.

Besonders gerne erinnere ich mich an die legendäre Schulfeier, bei der alles schief ging – bis auf euren ersten Kuss. Damals hat es zwischen euch »gefunkt«. Ich habe mich für euch gefreut, denn ich dachte schon damals, dass ihr gut zusammenpassen würdet. Mir war jedoch auch etwas bange, ob ich dann noch der Dritte in eurem Bunde sein dürfte. Doch wie man sieht: Wir sind gute Freunde geblieben, und aus euch ist ein glücklich strahlendes Hochzeitspaar geworden. Der Blick zurück darf jedoch nicht ablenken vom Blick in die Zukunft, in eurer beider Zukunft. Viel ist geplant, kleine wie auch große Dinge. Doch so wie ihr bislang zusammengestanden habt, werdet ihr auch noch all dies für euch verwirklichen können: die Hochzeitsreise »sanft« am Wind in der Karibik, den anschließenden Umbau der Wohnung, den Umzug in das nach euren Vorstellungen gestaltete Heim, das Einrichten des neuen Büros, und und und.

Doch das ist noch Zukunftsmusik. Hier und heute spielt eine ganz andere Musik, nämlich unsere alte Schülerband, die zwar in die Jahre, aber nicht aus dem Rhythmus gekommen ist. Ganz im Gegenteil! Wir wollen zu den Klängen von »DeepFour« feiern und tanzen – auf eurem Hochzeitsfest.

Habt Dank für die Einladung zu eurer Hochzeit und so zusagen zum ersten Hochzeitstag. Dem Brautpaar bei allen seinen Unternehmungen viel Freude, viel Glück und viel Erfolg.

THEMA **Ehe im Tierkreiszeichen**
TON **locker, heiter**
REDNER **Freund / Trauzeuge**

Liebe Christa, lieber Wolfram, liebe Hochzeitsgäste,

im chinesischen Horoskop gibt es die Regentschaft der Tiere. Doch wie kam es zu dieser »Regentschaft«? Eine ganze Reihe von Legenden rankt sich um die Entstehung der Tierkreiszeichen. Buddha, so die bekannteste, wollte einst den Neujahrstag im Kreise von Tieren verbringen und lud alle zu einem Fest ein. Doch nur zwölf kamen. Als Erster hätte eigentlich der Büffel eintreffen müssen, doch die Ratte war auf seinem Rücken mitgeritten und so rechtzeitig abgesprungen, dass sie die Siegerin im Rennen zu Buddha war. Und Buddha belohnte letztlich die zwölf Tiere, die ihm die Treue erwiesen hatten, damit, dass er jedem die Regentschaft für ein Jahr übertrug. Nun denn, was will das alles für unser Brautpaar bedeuten?

Liebe Braut, dem Geburtsjahr und -monat nach bist du im Tierkreiszeichen der Ratte geboren. Scharfblick, Intelligenz und Ehrgeiz – die Legende um die Entstehung der Tierkreiszeichen zeigte dies bereits – ebenso wie Treue, Romantik und Leidenschaft zählen zu ihren positiven Eigenschaften. Die Rattefrau steckt voller Energie und Kreativität, doch für langfristig ausgefeilte Planungen hat sie nicht die Zeit. Mit dieser Eigenschaft und deiner Spontanität hast auch du schon manch interessante Komponente in manch unsere Vorhaben gebracht.

Doch für Kultur und Kommunikation hat sie viel Sinn, daher bist du wohl auch Übersetzerin geworden. Wobei du eigentlich auch Gourmet-Köchin hättest werden können, denn deine Kochkünste sind einfach eine Wucht! Kein Wunder – die Fähigkeit, schmackhafte Menüs zuzubereiten, wird der Rattefrau auch zugeschrieben. Und was die Romantik und Leidenschaft betrifft, dazu vermag letztlich wohl nur der Büffel an deiner Seite was zu sagen.

Lieber Bräutigam, du bist dem chinesischen Horoskop zufolge im Tierkreiszeichen des Büffels geboren. Zu seinen positiven Eigenschaften zählen Verantwortungsbewusstsein, Ausdauer und Gewissenhaftigkeit – was wir in vielen Lebenslagen an dir zu schätzen wussten –, Charme, Geschmack – man betrachte nur die Wahl deiner Frau – ebenso wie Sinnlichkeit und Harmoniestreben. Der Büffelmann ist ein Muster an Arbeitseifer und Verlässlichkeit. Seine Ausdauer könnte man manchmal gar als Sturheit bezeichnen, und dennoch ist er ein methodisch denkender, zielbewusster Mensch. Daher hast du es auch geschafft, so erfolgreich als Unternehmensberater zu sein. Der Büffelmann ist ein äußerst gerecht denkender Mensch, doch es darf ihm keiner auf die Füße treten! Dann kann auch seine »dynamischere« Natur zum Vorschein kommen. Über allen Gefühlsausbrüchen stehen jedoch immer fest umrissene Moralbegriffe. Und was seine Sinnlichkeit betrifft, dazu kann letztlich nur die Rattefrau an seiner Seite etwas sagen.

Bleibt die Frage: Passt die Ratte zum Büffel oder der Büffel zur Ratte? Kurz gefasst: Voller Energie und Zielstrebigkeit erreichen die beiden als verlässliche Partner ihre gesteckten Ziele. Die methodisch ausgewogenen Gespräche bei lukullischen Mahlzeiten haben ein kulturell sinnenfreudiges Niveau und stehen unter einem moralisch hohen Stern. Über Romantik und Sinnlichkeit legen wir den Mantel des Schweigens.

Nun denn, wie wir in Hamburg sagen: Allzeit gute Fahrt und immer genügend Wasser unter dem Kiel! Hoch mit den Gläsern – auf Rattefrau und Büffelmann, auf das Brautpaar!

TIPP *Verpacken Sie das Thema Ihrer Rede in eine Geschichte. Das mag eine erfundene Begebenheit, eine Anekdote aus dem Leben des Brautpaares, ein Beispiel aus Literatur oder Film oder eine eher abstrakte Geschichte um Sternzeichen sein. Schaffen Sie dabei immer Bezüge zum Brautpaar, um die beiden, denen die Rede gewidmet ist, darin einzubinden.*

## THEMA Romantisches Knistern
TON locker, erzählend
REDNER Freund des Bräutigams

Liebe Alex, lieber Timo, liebe Gäste,

meinen Freund Timo kenne ich seit der 5. Klasse, als wir aufs Gymnasium kamen. Seitdem kennen sich auch Alex und er. Wir, Timo und ich, waren in der a-Klasse, Alex und ihre Freundin Manuela in der b-Klasse. Bis zur 8. Klasse gab es zwischen den Klassen immer Gerangel um dies und das: Wer die besten Volleyballer hatte, den besten Klassendurchschnitt und all solche Dinge, die einen in diesem Alter eben beschäftigen.

Ab der 9./10. Klasse ließ dieses Konkurrenzdenken dann nach. Aus den Kindern, die sich gerne mal »kloppten«, wurden Teenager, die sich für andere Dinge zu interessieren begannen. Und in der Schülerdisko oder auf der Schulfeier tanzte man auch schon mal mit den Mädchen aus den anderen Klassen. Damals ist mir Manuela aufgefallen und Timo seine Alex. Dann gab es Zeugnisse, das Schuljahr war zu Ende, und wir fuhren alle in die gleiche Jugendfreizeit, ins KJR-Heim an der Burg Neuffen. Zwei Wochen eine Meute Jugendlicher im besten Alter – da knisterte nicht nur das allabendliche Lagerfeuer!

Timo und ich waren gemeinsam in das KJR-Heim gekommen und Alex mit Manuela. Doch Timo und Alex verbrachten zunehmend mehr Zeit miteinander, sodass auch ich und Manuela – doch das ist eine andere Geschichte. Also wenn wir nicht in Gruppen etwas unternahmen, gingen Alex und Timo gemeinsam schwimmen oder in die Stadt was einkaufen, trafen sich beim Essen am gleichen Tisch und saßen abends am Lagerfeuer abseits etwas im Dunklen. Da ist es dann passiert: Der erste Kuss! Und ab da hatte Timo nur noch seine Alex im Sinn. Und das ist bis heute so geblieben. Und er ist ein Glückspilz: Denn Alex hatte ab dann für keinen anderen Jungen auch nur »ein Auge« übrig. Nun sind wir alle sozusagen ein Paar: Manuela und mich hat unser romantisches Knistern letztes Jahr vor den Altar geführt, und dieses Jahr feiern wir die Hochzeit von Timo und Alex.

Alles Gute für euch zwei beide!

THEMA **Wendehals und Spatzenschar**
TON humorvoll, ironisch
REDNER Freund des Bräutigams

Liebe Ariane, lieber Ansgar, liebe Freunde, liebe Gäste!

Die Freundesschar hat ausgerechnet mich dazu bestimmt, einige passende Worte für unsere Freunde, das Brautpaar, zu sprechen. Das tue ich gerne. Doch wenn nun alle glauben, dass ich hier nur freudigen Gefühlen Ausdruck geben möchte, so befinden sie sich leider im Irrtum. Denn Ansgar macht sich im Grunde der Fahnenflucht schuldig, der Flucht vor dem Junggesellendasein, und wechselt einfach auf die andere Seite. Weitaus treffender, als ich es könnte, bringt dies ein Gedicht von Wilhelm Busch auf den Kirschkern – nein, auf den Punkt, meine ich natürlich.

Ihr kennt ihn doch schon manches Jahr,
Wisst, was es für ein Vogel war;
Wie er in allen Gartenräumen
Herumgeflattert auf den Bäumen;

Wie er die hübschen roten Beeren,
Die anderen Leuten zugehören,
Mit seinem Schnabel angepickt
Und sich ganz lasterhaft erquickt.

Nun hat sich dieser böse Näscher,
Gardinenschleicher, Mädchenhäscher,
Der manchen Biedermann gequält,
Am Ende selber noch vermählt.

Nun legt er seine Stirn in Falten,
Fängt eine Predigt an zu halten
Und möchte uns von Tugend schwatzen.

Ei, so ein alter Schlingel! Kaum
Hat er 'nen eigenen Kirschenbaum,
So schimpft er auf die Spatzen.

Und Ansgars Kirschbaum, den er jetzt für sich ganz allein beansprucht, die schöne Ariane, war unser Stern, unsere Sonne am Junggesellenhimmel. Doch Ariane wird künftig nur noch ihm leuchten, der in seinem schnöden Egoismus nun all das Strahlen für sich beansprucht. Das Einzige, was mich als zurückgebliebenen Junggesellen etwas tröstet: Ariane ist Manns genug, ihrem Ansgar auch »heimzuleuchten«, wenn's nötig ist.

Wenn es noch mehr so bezaubernde »Kirschbäume« gäbe wie die wunderbare Ariane, dann würden auch Spatzen wie ich fröhlich auf den Zweigen verweilen. Ich wünsche euch beiden von Herzen alles, alles Gute für eure Zukunft!

THEMA **Harry und Sally**
TON **locker, etwas frivol**
REDNER **Freund des Bräutigams**

Liebe Suse, lieber Florian, liebe Hochzeitsgäste!

Auch wer »Harry & Sally« noch nie gesehen hat, kennt wahrscheinlich die romantische Liebesgeschichte. Diese will ich nun mit aktuellen Darstellern kurz nacherzählen. Keine Bange – ich konzentriere mich aufs Wesentliche.

Florian (Harry im Film) trifft Suse (Sally) das erste Mal 1997 in Tübingen, von wo aus sie als Mitfahrgemeinschaft zusammen mit dem Auto nach Berlin fahren. Sie geraten in Thüringen in einen Wahnsinnsstau, und in den 17 Stunden Unterwegs-Zeit beginnt dann eine »Erzähl-mir-deine-Lebensgeschichte«-Unterhaltung, bei der sich beide recht unverblümt und rasch ihre unterschiedlichen Auffassungen über Liebe, Sex und alles andere offenbaren. Als Florian Suse anmacht, hat sie kein Interesse und will nur befreundet sein. Florian ist jedoch der Meinung, dass zwischen Männern und Frauen keine Freundschaft möglich ist, da ihnen immer das »Eine« dazwischen kommt.

So trennen sich ihre Wege in Berlin, um sich zufällig drei Jahre später auf einer Party auf der Frankfurter Buchmesse wieder zu kreuzen. Florian hat sich gerade von seiner Freundin getrennt, und auch Suse ist Single. Beide sind froh, ungebunden zu sein, beide leben noch in Berlin, und beide haben beruflich nun mit Büchern und Büchermachen zu tun. Hier weicht das reale Leben von der Komödie leicht ab. Und dennoch: Wäre das nicht der perfekte Zeitpunkt für eine Beziehung gewesen? Weit gefehlt! Das Drehbuch hat im Leben, im Gegensatz zum Film, hier deutliche Mängel. Immerhin, sie verabreden sich in Berlin. Zwischen ihnen entwickelt sich langsam eine gute, intensive Freundschaft, obwohl doch Florian einst eine gänzlich andere Theorie vertrat! Wir erinnern uns: Zwischen Männern und Frauen ist keine Freundschaft möglich …

Die Zeit strich hin und her und verstrich so vor sich hin. Die beiden überzeugten Singles unternahmen gemeinsam dies und das, und wir alle dachten uns unseren Teil. Dann geschah das Unerwartete: Ein anderer Mann begann, Suse schöne Augen zu machen, und Suse, Suse flirtete zurück. Florian war zuerst völlig verblüfft, dann wurde er wütend! Wie konnte der andere es wagen!?! Es war doch seine Suse! Und dann gingen ihm endlich die Augen auf! Und nun schaut euch mal die strahlenden Augen der beiden an!

Auf die Freundschaft, auf die Liebe und auf die Ehe, bei der das »Eine« nicht dazwischenkommt, sondern dazugehört!

## Reden zur Multi-Kulti-Heirat

Urlaubsreisen, Arbeits- und Studienaufenthalte im Ausland – die Welt ist heute klein. Mit steigender Mobilität wird unsere Gesellschaft immer multikultureller.

Die Liebe bleibt dabei nicht aus. Und wohin das führen kann – bei jeder sechsten Eheschließung in Deutschland stammt zumindest einer der Partner aus dem Ausland. Trotzdem ist die Heirat zwischen Menschen unterschiedlicher ethnischer Herkunft auch heute noch keine Selbstverständlichkeit.

THEMA Déja-vu
TON liebevoll, besinnlich
REDNER Brautvater

Liebe Katharina, lieber Norman, liebe Hochzeitsgäste,

dieses Jahr erleben wir, meine Frau und ich, sozusagen ein Déja-vu freudiger Ereignisse. Vor fast genau einem Jahr haben unsere Tochter Juliane und Brede ihre Hochzeit gefeiert und sind nach Norwegen in Bredes Heimat entschwunden. Heute habt ihr beiden euch das Eheversprechen gegeben. Ihr werdet hier in Deutschland bleiben. Wenigstens ein Trost, denn Eltern heiratswillliger Töchtern haben es nicht immer leicht.

Als Vater habe ich heute schon zwei Leistungen vollbracht, genau wie im letzten Jahr. Die erste Aufgabe haben Katharina und ich gemeinsam bewältigt, als ich sie durch die Kirche zum Altar führte. Ich tat dies mit einem lachenden und einem weinenden Auge. Mit einem weinenden Auge, weil dieser Gang zum Altar weit mehr als Symbolik und Tradition ist, denn jeder Schritt dorthin ist ein Schritt in Richtung Trennung, da ich am Altar unsere Tochter an einen anderen Mann weiterzugeben hatte. Das andere Auge lachte bei dieser Aufgabe, weil am Ende des Ganges ein Mann unsere Katharina in Empfang nahm, der ihrer wert ist. Lieber Norman, wir freuen uns, einen so liebenswerten Menschen wie dich in unserer Familie aufnehmen zu dürfen. Sei uns von Herzen willkommen.

Und nun komme ich gerade der zweiten Aufgabe nach: Nämlich, einige Sätze an das Brautpaar und seine Gäste zu richten. Was ich von Herzen gerne mache. Insbesondere begrüße ich unsere ausländischen Gäste, die keine Mühe und keine Kosten gescheut haben, um mit dem Brautpaar ihr schönstes Fest im Leben zu begehen. Und Australien ist weit mehr als nur einen Känguru-Sprung entfernt!

Die Sehnsucht zu reisen, andere Menschen und Kulturen kennen zu lernen, neue Städte und Landstriche zu erkunden, liegt unserer Familie wohl im Blut. So fuhr Juliane ihrem Brede in Norwegen ins Auto, und so lernte Katharina ihren Norman auf einer Segeltour vor Australien kennen. Dabei lag uns das Segeln bislang weniger im Blut. Wir sind weitaus eher den landgängigen Sippen zuzurechnen.

Liebe Katharina, ebenso wie deine Schwester Juliane kommst auch du an einer kleinen Anekdote aus deinen Kindertagen heute nicht vorbei. Als Katharina uns letzten Herbst aus Australien anrief, erzählte sie uns gleich von Norman mit dem Satz: »Ich glaube, ich habe den Mann zum Haareschneiden gefunden.« Um die Bedeutung dieses Satzes rankt sich eine kleine Anekdote aus Katharinas Kindertagen: Meine Frau Maria schnitt mir immer die Haare, was bei mir ja keiner Kunst bedurfte, und so schnitt die vierjährige Katharina ihrem Teddy, den sie heiß und innig liebte, eines Tages das Fell zwischen den Ohren, mit den Worten: »Ja, ja, und eines Tages schneide ich dann meinem Heirater die Haare!«

Bevor wir nun auf das Glück des jungen Paares, das das Schicksal über Kontinente hinweg zusammengeführt hat, das Glas erheben, möchte ich noch alle unsere neuen Verwandten, insbesondere Kate und George, bei uns willkommen heißen.

Wir wünschen euch, den beiden Seglern in den Ehehafen, alles erdenklich Gute für die Zukunft. Möge eine stete Brise euer Lebensschiff immer in sichere Gefilde tragen.

THEMA **Freigeister unter dem Pantoffel**
TON besinnlich, unterhaltend
REDNER Brautvater

Liebe Annelie, lieber Hunter, liebe Gäste,

woran denken wir, wenn wir Amerika hören? Wohl an das Land der unbegrenzten Möglichkeiten. Lange stand Amerika für einen Traum – den Traum von Freiheit und dass man dort alles erreichen kann, wenn man nur hart genug daran arbeitet. Vom Tellerwäscher zum Millionär – wer hat davon noch nicht gehört?

Nun ist unser Schwiegersohn weder das eine noch das andere, sondern vor allem ein Gewinn für unsere Familie. Wir haben uns daher heute zur Feier der Hochzeit von Annelie und Hunter hier zusammengefunden. Und Zufall hin oder her, diese Hochzeit fällt genau auf den amerikanischen Unabhängigkeitstag.

Viele Staaten begehen ihren Nationalfeiertag am Gründungstag der Nation beziehungsweise weil sie das Erlangen der Unabhängigkeit feiern. Viele Nationen gründen sich, indem sie sich von Fremdherrschaft befreien. Begeben sich zwei Menschen in den Stand der Ehe, wird über künftige »Fremdherrschaft« recht viel gewitzelt. Kommt Hunter jetzt unter den berühmt-berüchtigten Pantoffel? Ist Annelie nun ihrem Manne »untertan«?

Das lässt sich auch ganz anders deuten. Sich am 4. Juli, dem amerikanischen Unabhängigkeitstag, mit der Ehe in eine Abhängigkeit zu begeben, das gibt Annelie und Hunter die Freiheit des Geistes. Und diese Freiheit kann letztlich dazu führen, dass sie alle Probleme und Krisen gemeinsam überstehen. Das habt ihr, liebe Tochter, lieber Hunter, in den letzten Jahren eurer bewegten Beziehung schon bewiesen, und ich bin mir sicher, dass es euch auch weiterhin gelingen wird.

Lassen Sie uns das Glas auf unsere Freigeister erheben. Auf die Unabhängigkeit, auf die Liebe! Und alles Gute für euren weiteren Lebensweg.

THEMA **Vertrauen ins Leben**
TON nachdenklich, besinnlich
REDNER Brautvater

Liebe Birte, lieber Sorin, liebe Freunde!

Heute feiern wir ein ganz besonderes Fest. Ein Fest des Ankommens in mehrfachem Sinne. Wir heißen unseren Schwiegersohn Sorin, den wir schätzen, seitdem wir ihn kennen, in unserer Familie von ganzem Herzen willkommen. Wir freuen uns, dass er nach einer längeren Zeit des Umherwanderns hier, bei uns in unserer Heimat, angekommen ist.

Vor drei Jahren wanderte Sorin in unser Land ein. Einwanderung heißt Vertrauen in die Zukunft, die eigene wie auch die des gewählten Landes, zu haben. Es heißt aber auch – und das ist nicht weniger entscheidend –, zuvor ausgewandert zu sein, sein altes, bekanntes Leben aufgegeben zu haben.

Die Firma, für die Sorin freiberuflich von Rumänien aus arbeitete, holte ihn als Computerexperten nach Deutschland. Deutsch war kein Problem, da Sorin mit einer deutschstämmigen Mutter im ehemaligen Kronstadt zweisprachig aufgewachsen war. Im Grunde wollte er seine schöne Heimat am Rande der Karpaten nicht verlassen. Andererseits wollte er sich die Chance, hier zu arbeiten, sein Wissen zu vertiefen und zu erweitern, nicht entgehen lassen. So machte er sich voller Vertrauen auf den Weg. Der Anfang war nicht leicht, weil die deutsche Firma bald nach seiner Ankunft bankrott machte. Das kann in unserer Zeit leider schnell geschehen.

Dennoch: Sorin hatte Vertrauen in sich und blieb. Eine andere Firma in einer anderen Stadt stellte ihn ein. Nach gut einem Jahr erhielt Sorin dann die Möglichkeit, in eine bessere Position zu einer Firma in unserer schönen Stadt zu wechseln. Voller Vertrauen ergriff er wiederum die Chance, die sich ihm bot. Und blieb.

Birte, unsere älteste Tochter, lernte Sorin bei der Arbeit kennen. Da ihr der Name und der Mensch – oder auch andersherum – gefielen und sich gut mit dem Neuen arbeiten ließ, wollte sie ihn gerne näher kennen lernen. Wir alle wissen, wie hilfsbereit und einfühlsam Birte ist. Sicher spielte für sie anfangs eine Rolle, dass sie Sorin das Einarbeiten und Einleben in der Firma erleichtern wollte. Was auch gelang. Die beiden fassten zunächst beruflich Vertrauen zueinander, bevor dann der private Funke übersprang. Ein Funke, der ein Feuerwerk an Gefühlen freisetzte. So strahlend haben wir unsere Tochter noch nie gesehen. So strahlend sitzen die beiden nun in unserer Mitte.

Liebe Birte, lieber Sorin, ich wünsche euch von ganzem Herzen ein gemeinsames Leben, getragen von Liebe und Vertrauen, Vertrauen in euch selbst, Vertrauen in den anderen und Vertrauen in das Leben. Möge sich zu diesem Duett aus Liebe und Vertrauen noch die Toleranz gesellen. Toleranz, den anderen so anzunehmen, wie er ist, ihm nicht die eigenen Lösungsstrategien aufzudrängen, sondern seinen Weg auch mit Problemen gehen zu lassen.

Es ist mit den Menschen wie mit dem Computer: Aus zwei Teilen, der Null und der Eins, ergeben sich unzählige Möglichkeiten des Seins. Ich wünsche euch, dass ihr diese Möglichkeiten zulasst, voller Vertrauen in euch, in eure Ehe und das Leben.

Viel Glück und viel Freude für eure Zukunft!

*Lass dem anderen die Freiheit, seinen eigenen Weg zu gehen! Lass ihm Ruhe, lass ihm Zeit, die Welt aus seiner Sicht zu sehen.*
Unbekannt

THEMA **Ausländische Studien**
TON **unterhaltend, humorvoll**
REDNERIN **Mutter der Braut**

Liebe Antonia, lieber Francesco, liebe Hochzeitsgäste,

Menschen wandern. Nicht nur wie im allseits bekannten Volkslied »Das Wandern ist des Müllers Lust«, sondern salopp formuliert auch aus Frust. Da unsere Tochter Antonia keinen Studienplatz für Medizin in Deutschland bekam, bewarb sie sich kurz entschlossen bei italienischen Universitäten. Die Sprache war letztlich kein Hindernis, da ja all unsere Kinder in Madrid zweisprachig aufgewachsen sind.

Das Spanische und das Italienische liegen nicht weit auseinander, und Antonia ist sprachbegabt. Sie konnte bald gut genug Italienisch und konnte in Mailand ihr Studium der Medizin aufnehmen. Geplant war, dort das Grundstudium zu absolvieren und dann an eine deutsche Universität zu wechseln. Das ist mit dem Physikum in der Tasche dann kein Problem.

Doch Wanderungen werden zwar, wie uns die Geschichte lehrt, durch verschlechterte Lebensbedingungen, klimatische Veränderungen, politische Ereignisse und anderes ausgelöst, führen jedoch nicht zwangsläufig dazu, dass nach Lösung des Problems wieder eine »Rückwanderung« stattfindet. So viel zur Theorie.

Nun zur Praxis: Das Physikum hatte unsere Tochter in der Tasche, eine Rückkehr nach Deutschland hatte sie jedoch nicht mehr im Sinn. Mir als Mutter schwante gleich eine feindliche Übernahme durch einen Vertreter der dort ansässigen Volksgruppe. Francesco hieß dieser Schlingel, der unsere Tochter in der Vorbereitungsgruppe für das Physikum sozusagen anatomisch bearbeitete. Wie er das tat? Er stahl ihr das Herz! Dass ein angehender Chirurg einem solchen Herzen nicht widerstehen kann – wen wundert's!?! Dass uns das zunächst überhaupt nicht erfreute – wen wundert wiederum das!?! Berlin–Mailand hatte damals noch keine direkte Flugverbindung!

Bevor dann unser Stamm gotengleich ausrücken und das geraubte Herz wieder heimholen konnte, stellte uns Antonia ihren Francesco auf unserem Stammesgebiet vor. Und in einem Handstreich eroberte er mit geballtem Charme zunächst die mütterliche Feste. Ich konnte nun meine Tochter nur zu gut verstehen. Eckhardt, mein geschätzter Mann, zierte sich nach Mannesart etwas länger, bevor er vor der klaren Logik des präzisen Denkers die Waffen streckte. Und Manuel, unseren Sohn, nahm Francesco mit kameradschaftlicher Liebenswürdigkeit in einem Streich für sich ein. Wer wünscht sich nicht solch einen Schwiegersohn oder Schwager in seinen Reihen?

Und was haben wir daraus gelernt? Im Laufe der Jahrhunderte »völkerwanderte« der Mensch von einem Gebiet zum anderen, und in all der Zeit sind die Menschen dem Zauber und der Macht der Liebe des Fremden erlegen. Möge die Kraft der Liebe euch, liebe Antonia und lieber Francesco, ein Leben lang begleiten, gleich, wohin ihr auch immer ziehen werdet. Vorzugsweise natürlich in unser Gebiet – nach Berlin!

TIPP *»Francesco ..., der unsere Tochter in der Vorbereitungsgruppe für das Physikum sozusagen anatomisch bearbeitete. Wie er das tat? Er stahl ihr das Herz! Dass ein angehender Chirurg einem solchen Herzen nicht widerstehen kann ...«*

*Nutzen Sie in Ihrer Rede Vergleiche, die sich dafür anbieten. Ein Vergleich, ein sinnfälliges Beispiel, macht ein Thema gleich viel anschaulicher und kann ihm gar eine humorige Note verleihen.*

THEMA **Liebe ohne Grenzen**
TON **besinnlich, religiös**
REDNERIN **Brautmutter**

Liebe Cosima, lieber Khaled, liebe Gäste,

»Handle – und das Schicksal selbst beugt sich!« Das hat der amerikanische Philosoph Ralph Waldo Emerson gesagt. Wenn das stimmt, dann werdet ihr in der nächsten Zeit kaum Probleme mit der Schicksalsgöttin haben. Denn für Handlung, also Umtrieb in eurem Leben, ist reichlich gesorgt. Ich will einmal aufzählen, was auf dem Programm steht: Dem heutigen deutsch-ägyptischen Hochzeitsessen und Hochzeitsfest folgen Flitterwochen in Island, dann der Umzug in die noch einzurichtende Wohnung in Brüssel, wo ihr beide, Khaled und Cosima, in zwei Monaten neue Arbeitsstellen antreten werdet, und zu guter Letzt das Eingewöhnen und Einleben in der neuen Umgebung.

Und die Schicksalsgöttin war euch bislang eh schon günstig gestimmt, bei all den Zufällen, die sich plötzlich in eurem Leben häuften. Zum ersten Mal begegnet sind sich Cosima und Khaled auf einem Kongress in Kairo. Beim Abendprogramm kamen die beiden zufällig miteinander ins Gespräch, am nächsten Tag saßen sie, welch weiterer Zufall, nebeneinander, und da sie Kairo am gleichen Tag mit der gleichen Maschine nach München verließen, – die Bemerkung mit den Zufall spare ich mir hier –, teilten sie sich ein Taxi zum Flughafen und saßen auf dem Rückflug nebeneinander. Khaled blieb beruflich bedingt mehrere Monate in Deutschland.

Weniger zufällig, sondern eindeutig geplant trafen sich die beiden wieder, und die anfänglichen Gefühle füreinander vertieften sich. Rasch wurde über Hochzeit gesprochen und der Plan in die Tat umgesetzt. Doch eine Ehe zwischen zwei Menschen über die Grenzen von Kulturen und Rechtssystemen ruft auch immer Zweifler auf den Plan. Wird eine solche Verbindung wohl gut gehen? Zudem liegt beiden ihre Religion am Herzen: Cosima ist Christin, Khaled Moslem.

Dreimal geheiratet haben die beiden inzwischen, zweimal aus Respekt dem anderen gegenüber, einmal, weil das deutsche Recht den Gang zum Standesamt vorschreibt. Der Trauungszeremonie in einer Moschee in Kairo vor zwei Wochen folgten heute hier, in unserer Heimatgemeinde, die standesamtliche und die kirchliche Trauung. Beide, Cosima und Khaled, wollten vor ihrem Gott miteinander verheiratet sein, und beide besitzen die Toleranz, den Gott und die Andersartigkeit des Partners zu akzeptieren. Und Toleranz ist nicht allein ein zentraler Gedanke der beiden großen Religionen, sondern auch die Grundlage einer Ehe. Den anderen sein zu lassen, wie er ist, ihn zu respektieren und zu lieben. Und das ist es, was letztlich zählt. Die Liebe zwischen zwei Menschen. Die Liebe, die in jeder Hinsicht keine Grenzen kennt.

Und das ist das Außergewöhnliche an eurer Verbindung. Ihr habt einen Menschen gefunden, der euch so liebt, dass er sein Leben mit euch verbringen möchte. »In guten wie in schlechten Tagen«, wie wir heute im Ehegelöbnis hörten. Ein solcher Partner ist wie ein kostbares Geschenk. Ein Geschenk, das euch beiden von Herzen gegönnt sei. Möge die Liebe und die Toleranz euch über manch ruppige Kante der Realität tragen, möge euer Leben weiterhin so glücklich verlaufen wie bislang, und möge es euch in jeder Hinsicht gut gehen. Auf die Liebe, die keine Grenzen kennt.

TIPP *Der Hauptteil einer Hochzeitsrede sollte immer persönlich gehalten sein und die Verbundenheit mit dem Brautpaar ausdrücken. Lassen Sie daher auch immer Ihre Gefühle zu Wort kommen.*

# Reden zur zweiten Eheschließung

Menschen, die zum zweiten Mal den Hafen der Ehe ansteuern, sind kein Sonderfall mehr. Gut 25 % aller Eheschließungen sind Wiederverheiratungen, und viele dieser Paare leben vor der Ehe schon in einer Lebensgemeinschaft zusammen. Auch was heute als »Patchwork«-Familie bezeichnet wird, gab es letztlich schon immer: Die Stieffamilie. Solche »Familien eigener Art« sind oft sehr komplexe Gebilde, in denen die Eltern ihre jeweiligen Kinder aus vorhergehenden Ehen oder Lebenspartnerschaften in die neue Beziehung einbringen. Diese Familienformen funktionieren einerseits wie das Modell Erstfamilie, sind andererseits doch etwas Besonderes. Dennoch: Die »Patchwork-Familie« ist zwar etwas Besonderes, aber nichts Seltenes.

THEMA **Spät gefreit, nie gereut**
TON locker, unterhaltend
REDNERIN Tochter/Sohn der Braut

Liebe Mutter, lieber Ingolf, liebe Hochzeitsgäste,

es waren einst ein junges Mädchen und ein junger Mann, die sich ganz furchtbar ineinander verliebten, so wie sich nur Teenager ineinander verlieben können. Doch beide gingen dann ihre eigenen Wege, studierten an unterschiedlichen Unis, verliebten sich und heirateten andere Partner, gründeten Familien, waren beruflich erfolgreich und hatten ein erfülltes und ereignisreiches Leben.

Doch die Partner starben, als sie noch jung waren, und so blieben die beiden alleine zurück. Die Kinder gingen schon ihre eigenen Wege und lebten auch nicht mehr alle zu Hause. Dann kam ein Klassentreffen. Das einst junge Mädchen hatte keine Lust, ihre Kinder mussten viel Überzeugungsarbeit leisten, bis sie den Weg in die »alte« Heimat einschlug. Sie vermutete, dort nur Leidens- und sicher nun auch schon Krankengeschichten ihrer ehemaligen Mit-Abiturienten anhören zu müssen.

Der damals junge Mann hingegen machte sich ganz beschwingt auf und freute sich, die alten Mitstreiter aus der Schule wiederzutreffen. Und getroffen haben sie sich wieder: Das junge Mädchen und der junge Mann. Und sie kamen ins Erzählen, ins Erinnern und ins Wieder-ineinander-Verlieben.

Liebe Mutter, lieber Ingolf, »spät gefreit, nie gereut«. Wir, die Kinder beider Familien und alle Verwandten und Freunde freuen uns, euch heute zu eurer Hochzeit von ganzem Herzen gratulieren zu können.

*Ein Strauch zittert, weil ein Vogel darüber flog.*
*Das Herz erzittert, weil Erinnerung es durchzog.*
SÁNDOR PETÖFI

THEMA **Chat ist Net(t)**
TON locker, unterhaltend
REDNER Sohn/Tochter des Bräutigams

Liebe Lore, lieber Vater,

das Schicksal hat zwei Suchende zusammengebracht. Und das über hunderte von Kilometern und fast ebenso viele Mails.

Nach Mutters Tod zog Vater sich zurück, was wir zunächst gut verstehen konnten. Doch als er aus seinem Schneckenhaus nicht mehr so recht rauswollte, stellten wir ihm sozusagen den Computer mit einer Online-Partneragentur auf dem

Bildschirm in sein Schneckenhäuschen. Verspielt und neugierig, wie unser gar nicht alter Herr nun mal ist, beschloss er, bei der Agentur mal anzuklopfen, füllte einen Test aus und bekam eine Auswertung, die uns nicht wunderte und die er mit seinem typisch verschmitzten Grinsen quittierte. »Wer will denn schon etwas von so einem wissen?«, so seine Worte. Nun denn, liebe Lore, diese Frage geht an dich. Und wir sind sicher, sie ging an dich per Mail.

Zunächst galt es nur, ein bisschen zu korrespondieren, Kontakt aufzunehmen und zu pflegen. Bei zwei oder drei Kandidatinnen endete die Korrespondenz rasch, doch eine blieb. Lore. Die hatte Witz, Humor, einen Sack voll Lebensfreude und das Herz am rechten Fleck. Und daher ging es weiter. Mail um Mail, doch keiner der beiden wollte raus aus seinem Schneckenhäuschen, obwohl sie doch beide aus dem Häuschen waren vor Neugierde und Ungeduld, den anderen zu treffen.

Wir, Karla, Semjon und ich, konnten es auch kaum noch erwarten, bis Vater sich endlich zu einem Treffen aufmachte. Und unser aller Ungeduld wurde mehr als belohnt: Vater kam mit Lore am Arm und seinem breitesten verschmitzten Lächeln nach Hause. Nun sind die beiden in einem Häuschen, und wir sind vier an der Kinderzahl. Mit Sonja im Bunde bilden wir nun eine richtig tolle Patchwork-Familie aus lauter erwachsenen »Patches«. Wir, die Kinder dieser glücklichen Verbindung, wünschen euch, liebe Lore, lieber Vater, alles, alles Gute für eure Zukunft – und lasst euch häufiger auch in unseren »Häuschen« blicken! Wir freuen uns für und wir freuen uns auf euch!

*Die wahre Beredsamkeit besteht darin,*
*das zu sagen, was zur Sache gehört,*
*und eben nur das.*
Francois Duc de La Rochefoucault

THEMA **Ehe-Erfolgsrezept**
TON locker, liebevoll
REDNER Trauzeuge / Trauzeugin

Liebe Anita, lieber Patrick, liebe Gästeschar,

wie kürzlich zu lesen war, lautet das Ehe-Erfolgsrezept: Toleranz und Ehrlichkeit. Bei glücklich verheirateten Paaren kommt die Liebe erst an dritter Stelle. Der Grund: »Emotionale und erotische Zuneigung allein ist ohne Toleranz und Ehrlichkeit kein Garant für dauerhaftes Zusammenbleiben.« Vor allem wenn einer der beiden geschiedene Eltern hat, ist die statistische Wahrscheinlichkeit für eine Trennung groß. Insgeheim wird wohl doch an der Verlässlichkeit des Partners gezweifelt. Oder ganz generell an der Realisierbarkeit des Modells Ehe.

Und nun sitzen hier zwei aus eigener Erfahrung gebrannte Kinder, wenn ich das so sagen darf: Anita und Patrick – beide geschieden, im Guten, denn sie haben noch freundschaftlichen Kontakt zu ihren Ex-Partnern. Dennoch, eine solche Trennung schmerzt und hinterlässt Wunden. Aber beide lebten immer in der Gewissheit, eines Tages wieder einen Partner zu finden, mit dem sie weiter gemeinsam durchs Leben gehen könnten. Dennoch galt es zunächst, Zweifel zu überwinden, Mut zu fassen und der eigenen Courage zu trauen. Und sie trauten sich! Zunächst sozusagen die Ehe auf Probe und nun die Ehe auf Trauschein. Herzlichen Glückwunsch, das habt ihr prima gemacht!

Zur Toleranz, dem Erfolgsrezept Nummer 1, zählt vor allem der feste Wille, den anderen nicht doch noch nach eigenen Vorstellungen umerziehen oder ihm gar eigene Lösungsstrategien aufzwingen zu wollen. Toleranz, so der französische Kritiker Jules Lemaitre, ist die Nächstenliebe der Intelligenz. Und um Liebe geht es letztlich auch, doch dazu komme ich noch.

Höchstes Einfühlungsvermögen erfordert die zweite tragende Säule einer glücklichen Ehe: Vertrauen in die Ehrlichkeit und Offenheit des anderen. Vertrauen darin, dass alles offen angesprochen wird, gleich, ob es um eine Lappalie oder ein Problem geht, ohne dabei die Sache zu zerreden.

Und last but not least: Die Liebe, die euch zusammengebracht hat. Neue Liebe, neues Glück! Die Liebe zueinander habt ihr rasch verspürt. Bis ihr den Mut hattet, nochmals eine Beziehung zu wagen, das hat etwas gedauert. Doch wie sagt Hermann Hesse so treffend: »Damit das Mögliche entsteht, muss immer wieder das Unmögliche versucht werden.« Das Mögliche besteht in einer glücklichen Partnerschaft, und genau das, eine glückliche Partnerschaft, schien euch zunächst das Unmögliche zu sein. Ein Paradox? Ihr werdet es zu lösen wissen – gemeinsam, denn dies ist nun euer gemeinsames Problem. Und das steht künftig unter dem Motto: »Unsere Sorgen möchte ich haben!«

Lasst uns auf Anita und Patrick, auf ihren Mut und ihre wunderbare Ehe das Glas erheben.

THEMA **Kartografie in Herzensdingen**
TON besinnlich, unterhaltend
REDNER Trauzeuge /Trauzeugin

Liebe Heide, lieber Jean-Paul, liebe Verwandte und Freunde des Brautpaars!

»Die wahren Orte«, so heißt es im Walfängerroman Moby Dick, »sind auf keiner Karte verzeichnet«, und der Erzähler in Robert Walsers Kurzprosatext »Moskau« nutzt den Atlas zu einer Reise in die eigene Fantasie.

Was aber soll das sein, ein »wahrer Ort« oder »die wahren Orte«? Hat sie jeder Mensch? Gibt es mehr als einen? Und was hat diese Frage mit unserem Hochzeitspaar zu tun?

Die alten Kartografen hatten mit dieser Frage kaum Probleme. Sie vermischten gerne Dichtung mit Wahrheit: Bis hinein ins 17. Jahrhundert zeigten sie Reiche von Nixen und Seeungeheuern, kopflose oder mehrköpfige Eingeborene, Minotauren und Menschenmonster. Wir alle kennen diese merkwürdigen Wesen von Randzeichnungen auf alten Landkarten oder in Atlanten. Da erscheinen die Gebiete der Terra incognita als »wahre Orte« in der Ferne, in einer anderen Welt. Auf einer Erdkarte um 1597 lauert gar der Teufel an deren Rand.

Würde Jean-Paul derzeit seine »wahren Orte« vermessen, würde wohl eine Landkarte in Herzensdingen entstehen. Ob an deren Rand wohl auch ein kleiner Teufel lauert? Der Teufel der Gewohnheit, der sich auch bei einer noch so außergewöhnlichen Beziehung im Laufe der Zeit einstellen kann? Wie sagt Honoré de Balzac so treffend: »In der Ehe muss man einen unaufhörlichen Kampf gegen ein Ungeheuer führen, das alles verschlingt: die Gewohnheit.«

Wie aus dem Reich der Fantasie mutet das Kennenlernen der beiden Globetrotter an. Heide, die seit ihren Jugendtagen und dann, als die Kinder alt genug waren, immer wieder mit dem Rucksack aufbrach, um ferne Gegenden zu erkunden, und Jean-Paul, der im Auftrag unterschiedlicher Organisationen seit Jahrzehnten ferne Gegenden vermisst. Dabei sind sie sich begegnet, die reiselustige Deutsche und der lebensfrohe Algerier in einem fernen Land.

Beiden sind die kleinen Ungeheuer, die Schrecken der Liebe, bereits gut bekannt, und die Ehe an sich ist auch keine Terra incognita mehr für beide. Fantasie haben sie auch – was also sollte in der zweiten Runde dann schief gehen! Wo immer ihr auch euer Zelt aufschlagen werdet, möge es immer der »wahre Ort« für euch sein. Auf eure Zukunft! Auf euer Glück! Auf die Liebe!

TIPP *Bleiben Sie sich auch als Redner treu, dann wirken Sie überzeugend. Verwenden Sie nur Worte und Gesten, die zu Ihnen passen, dann wirken Sie glaubwürdig.*

THEMA **Zeit der Zärtlichkeit**
TON **besinnlich, unterhaltend**
REDNERIN **Freundin der Braut**

Liebe Sabrina, lieber Oliver,

was mir zuerst auffiel: Sabrinas helles Haar hatte dunkle Partien bekommen, und es war auch flotter geschnitten. Sie ging wieder öfter zum Friseur und hatte sichtlich an Gewicht verloren. Sie bekam ihre jugendliche Figur zurück, obwohl sie schon bald 60 ist. Sie lächelte auch wieder so mädchenhaft verschmitzt wie früher. Wir kennen uns ja schon ein ganzes Leben.

Dann kamen die Farben gleich nochmals ins Spiel. In den letzten Jahren hatte Sabrina bevorzugt bedeckte, eher grau-schwarze Töne getragen, und nun erschien sie in heller, ja geradezu farbenfroher Garderobe. Doch das waren nicht alle Veränderungen. Früher waren wir abends ins Kino oder ins Theater gegangen und hatten uns anschließend bei einem Glas Wein über den Film, das Stück oder das Leben im Allgemeinen und das unserer Kinder im Besonderen unterhalten. Nun konnte ich sie oft nicht erreichen, und auch am Wochenende ging nur der Anrufbeantworter ran. Sabrina war offensichtlich viel unterwegs.

Eigentlich hätte ich es wissen und die Zeichen deuten müssen: Sabrina war verliebt! Bis über ihre beiden hübschen Ohren verliebt!! Zum ersten Mal seit vielen Jahren. Aber ich bin nicht gleich darauf gekommen. Ich sah nur, dass Sabrina glücklich war, und das freute mich, und wenn ich gewusst hätte, dass ein Mann dahintersteckt, hätte ich wahrscheinlich ein bisschen Angst gehabt, dass er meiner Freundin wehtut. Entschuldige, Oliver, damals kannte ich dich ja noch nicht!

Ich rede hier von etwas, was es eigentlich der landläufigen Meinungen nach nicht gibt: Eine reife Frau hat einen richtig guten Mann getroffen – denn das bist du, Oliver, wir wissen es alle – und sie hat mit ihm in die Zeit der Zärtlichkeit zurückgefunden. Frauen unseres Alters, so die Vorhersagen, werden eher von einem Blitz getroffen, einem Auto überfahren oder gar von Terroristen entführt, als dass sie einen Mann wie Oliver finden. »Ich konnte es kaum glauben, dass mir das nochmal passieren könnte«, sagte Sabrina und strahlte vor Glück. Diesen Satz hat auch Gesine Schwan gesagt, die mit 61 Jahren strahlend schön geheiratet hat.

Darum lassen Sie uns das Glas auf die Liebe und die zeitlose Zeit der Zärtlichkeit erheben. Alles Gute, Sabrina und Oliver!

THEMA Glückliche Frauen
TON humorvoll, unterhaltend
REDNER Freund

Liebe Kathrin, lieber Dietmar, liebe Hochzeitsgesellschaft,

den Dichter und Philosophen Spencer fragte man einmal, als er schon sehr bejahrt war, ob er es nicht bedaure, nicht geheiratet zu haben. »Aber nein«, erwiderte er, »mich macht der Gedanke glücklich, dass irgendwo eine Frau lebt, die ich hätte heiraten können und die nun glücklich ist, dass es nicht geschehen ist.«

Dieses Bonmot, lieber Dietmar, kannst du dir nun nicht mehr zu Eigen machen. In die Jahre gekommen bist du zwar auch, doch wir nehmen auch ältere Männer auf. Daher: Willkommen im Club der Ehemänner!

Einige in dieser Runde wissen: Unser guter Freund hat sich vor langer Zeit schon einmal getraut, was nicht von Dauer war, und zog sich dann aufs Dauersingle-Sein zurück. Dort verweilte er und dementierte heftigst, dass Verheiratete gesünder und länger leben als Unverheiratete und überhaupt.

Doch kaum hatte er Kathrin kennen gelernt, begannen all diese Überzeugungen zu schmelzen wie Schnee in der Sonne. Übrig blieb die heftige Überzeugung: Verheiratete leben länger, stressfreier und gesünder, und da er wollte, dass Kathrin länger lebt, hat er sie vom Fleck weg geheiratet, mit Kindern, Hund und allem Drum und Dran. Welch rührende Fürsorge!

Nun denn, lieber Dietmar, in der Fürsorge nicht nachlassen, nur weil Kathrin deinem Werben nachgegeben hat. Denn, wie Fontane so trefflich sagt: »Die Liebe lebt von liebenswürdigen Kleinigkeiten, und wer sich eines Frauenherzens dauernd versichern will, der muss immer neu darum werben, der muss die Reihe der Aufmerksamkeiten allstündlich neu wie einen Rosenkranz abbeten. Und ist er damit fertig, so muss er von neuem anfangen.«

Und wir, deine alten Freunde, wollen diesbezüglich keine Klagen hören. Auf die liebenswürdigen Kleinigkeiten, die Ehe im zweiten Anlauf und die Liebe von Dietmar und Kathrin – lasst uns darauf das Glas erheben.

TIPP *Vermeiden Sie in der Anrede Floskeln wie »Ich bin gebeten worden, zu diesem Anlass einige Worte zu sagen« oder Ähnliches.*
*Beenden Sie Ihre Rede auch nicht mit einer Floskel. Verwenden Sie etwas Passendes oder gar Persönliches, alles andere wirkt unbeholfen und ist stimmungstötend.*

# Reden für die Silberhochzeit / goldene Hochzeit

Silberhochzeit oder goldene Hochzeit wie auch andere Ehejubiläen sind immer ein Grund zum Feiern und bieten daher Gelegenheit, vom Glück der Eheleute und deren gemeinsamem Lebensweg zu berichten.

Die Reden für die Silberhochzeit können mit wenigen Abänderungen auch für die goldene Hochzeit verwendet werden. Sie können auch aus den Reden für die grüne Hochzeit Anregungen entnehmen und zu einer Rede für ein Ehejubiläum zusammenstellen.

THEMA **Gut getan, zu heiraten**
TON festlich
REDNER Trauzeuge

Liebe Maria, lieber Thorsten,

»Ob zwei Leute gut getan haben, einander zu heiraten, kann man bei ihrer Silberhochzeit noch nicht wissen«, so schreibt die große Erzählerin Marie von Ebner-Eschenbach. Das mag auf viele andere Verbindungen zutreffen, jedoch nicht auf eure Ehe. Als Freund und Trauzeuge habe ich euch mehr als ein Vierteljahrhundert begleitet und kann dies daher sagen.

Ein Vierteljahrhundert! Eine lange Zeit für ein Menschenleben und ein Wimpernschlag für die Ewigkeit. Ewige Treue und Zueinander-Halten in guten und in schlechten Tagen, das hattet ihr euch damals versprochen. Und weit mehr habt ihr gehalten. Wie schafft ihr es, nach 25 Jahren noch immer so verliebt zu wirken, so viel Frohsinn und Harmonie auszustrahlen? Die Antwort ist einfach: Ihr passt einfach zusammen, ihr gehört zueinander.

Und dabei ging das Leben nicht immer sanft mit euch um. Es gab weiß Gott stürmische Tage in eurem Leben. Damals kurz nach eurem Einzug in euer Haus, als Thorsten seine Arbeitsstelle verlor, oder als euer Sohn Eric, vom Auto angefahren, schwer verletzt ins Krankenhaus kam, und anderes mehr. Dennoch seid ihr in eurem stürmischen Alltag immer respektvoll und liebevoll miteinander umgegangen.

Bewundert habe ich immer, wie Maria den ganzen Laden schmiss. Kinder, Haus, Job und letztlich auch Ehemann. Auch mit den Hilfen, die sie hatte, letztlich musste sie alles organisieren, alles im Kopf und immer ein offenes Ohr für alle großen und kleinen Nöte der Kinder haben. Dabei hat sie nie erwartet, dass Thorsten nach einem Acht-Stunden-Tag als Mustergatte auf der heimischen Matte stand. Er konnte Karriere machen, sie hat ihm den Rücken freigehalten.

Und dennoch war Thorsten auf seine Art ein Mustergatte. Hatte Maria abends einen Termin oder etwas anderes vor, kam er früher nach Hause und betreute die Kinder. Am Wochenende war er nur für die Familie da, und alles in allem hat er Maria entlastet, wo er nur konnte. Noch heute packt er von sich aus bei der Hausarbeit an und tut dies nicht als Frauensache ab. Und auch er hatte immer ein offenes Ohr für alles, was in seiner Familie anstand. Darüber hinaus war er ein sehr aufmerksamer Ehemann. Blumen und kleine Geschenke, viele Frauen haben Maria darum beneidet. »Die Liebe lebt von liebenswerten Kleinigkeiten«, sagt Theodor Fontane. Eure Liebe und eure Art, miteinander zu leben, sind der lebende Beweis dafür.

Bleibt in dieser Hinsicht, wie ihr wart und wie ihr seid, dann kann ich hoffentlich in 25 Jahren noch weitaus mehr darüber sagen.

Lasst uns auf Maria und Thorsten, ihr Glück und ihre wunderbare Ehe das Glas erheben.

TEMA **Biologisches Wunder**
TON **heiter, gefühlvoll**
REDNERIN **Schwester der Braut**

Liebe Gisela, lieber Horst, liebe Freunde,

was wir heute feiern, ist eigentlich mehr als eine Silberhochzeit. Ich finde, es ist ein kleines Wunder. Ich bin froh, dass ich das heute mal aussprechen kann.

Einige von uns Älteren waren vor 25 Jahren bei der Hochzeit von Gisela und Horst. Wir haben das junge Paar gesehen, das sich auf seine Zukunft freute und so zuversichtlich alles gemeinsam angehen wollte. Sie passten zusammen, sie bekamen gesunde Kinder und machten beruflich ihren Weg, und alles sah gut aus. Sie schienen zusammenzuwachsen wie ein Baum, der zwei Stämme hat, aber aus einer einzigen Wurzel seine Kraft zieht.

Dann kam die Zeit der Missverständnisse, des Kummers und schließlich der Trennung. Wir, die Freunde und Verwandten, mussten das mit ansehen und konnten nicht helfen, nur zuhören. Die Ehe schien vor dem Aus zu stehen.

Lasst mich schnell zum nächsten Kapitel übergehen. Nach und nach und ganz allmählich wuchsen wieder die unterirdischen Verbindungsfasern zwischen euch. Ich hoffe, wir haben keinen Biologen unter uns – vielleicht gibt es keine unterirdischen Verbindungsfasern in der Natur, aber zwischen euch, das weiß ich, da gab es sie! Die gemeinsame Wurzel, die durchgehauen schien, streckte wieder Fasern aus. Diese unterirdischen Verbindungen wuchsen und fanden und festigten sich – wie, das bleibt euer Geheimnis. Eines Tages hieß es: Sie sind wieder zusammen. Wir alle waren glücklich und freuten uns für euch, mit euch. Und wenn wir um uns schauen und suchen, wie vielen Paaren so ein Wiederfinden gegeben ist, da können wir wirklich von einem kleinen Wunder sprechen.

Wir trinken auf euer Wohl, Gisela und Horst.

THEMA **Ein Ehestand alsdann beglückt**
TON **festlich**
REDNERIN **Tochter / Sohn**

Liebe Mutter, lieber Vater, liebe Gäste,

als ich mir überlegte, was ich zu diesem Ehrentage meiner Eltern denn sagen könnte, fiel mir so recht Gescheites oder gar Treffliches nicht ein. Eingefallen ist mir jedoch immer wieder ein Gedicht von Christian Fürchtegott Gellert, aus dem ich einige Zeilen vortragen möchte.

Ein Ehestand alsdann beglückt,
Wenn eins sich in das andre schickt,
Wenn eins das andre liebt und scheut,
Wenn jed's dem andern gleich an Zucht,
Stets mehr noch zu gefallen sucht,
Und beid' noch so behutsam sein,
Als wollt'n sie erst einander frei'n.

Soweit der Dichter, der die Ehe unserer Eltern trefflich in Worte zu fassen wusste. Das ist das Besondere an meinen Eltern: Sie gingen all die Jahre in allen Lebenslagen immer so respektvoll und behutsam miteinander um, als wären sie frisch verliebt oder der andere gar ein zerbrechliches Ding. Sie teilten Glück, Leid, Freude und Sorgen und passten dabei hervorragend zusammen. Mutter, die Seele der Familie, hielt alles zusammen und Vater liebevoll von manch einer geschäftlichen Falle ab, in die er ohne sie wohl getappt wäre. Und Vater stärkte Mutter bei all ihren Unternehmungen immer den Rücken, sodass beide nicht nur in der Familie, sondern auch im Beruf Erfüllung finden konnten.

»In guten wie in schlechten Tagen«, das hattet ihr euch vor 50 Jahren geschworen. Und wir Kinder hatten immer den Eindruck, dass unsere Eltern meist gute Tage hatten. Wobei sicher auch eine stattliche Anzahl schlechter in all den Jahren darunter waren. Doch als Paar »schickten« die beiden sich so ineinander, dass wir Kinder davon so gut wie nie etwas mitbekamen.

Unsere Eltern haben, ich denke, das kann ich so sagen, harmonische und glückliche 50 Jahre miteinander erlebt. Wir wünschen euch von Herzen, dass noch viele Jahre folgen mögen. Darauf möchte ich mit allen Anwesenden hier anstoßen.

*Das Geheimnis der langen Ehe?*
*Ganz einfach: Man muss nur die richtige Frau finden und alt genug werden.*
GORDON A. CRAIG

THEMA Je öller, je döller
TON lustig, persönlich
REDNER Enkel / Enkelin

Liebe Hannelore, lieber Karlheinz, liebe Festgesellschaft,

eigentlich hätte ich natürlich sagen müssen: Liebe Oma und lieber Opa. Aber wenn man euch sieht, bleibt einem so etwas ja im Halse stecken! Ich weiß, ich weiß, ich bin euer Enkel und selbst so ziemlich erwachsen, und da sitzen meine Eltern und sind gestandene Leute. Demnach müsstet ihr, theoretisch gesehen, das sein, was man alt nennt. Aber – ich glaub's einfach nicht!

Wenn man bei euch anruft, freut ihr euch. Natürlich, wo ich doch euer Enkel bin! Aber im zweiten Satz heißt es dann gewöhnlich schon: Wir haben keine Zeit. Was heißt eigentlich Ruhestand, Opa Karlheinz? Ich glaube, das möchtest du selbst gern wissen. Aber wahrscheinlich willst du es ja nicht anders haben. Deine alte

Firma lässt dir keine Ruhe, und ich glaube, du stündest mit mehr Recht bei denen auf der Gehaltsliste als manch einer, der da wirklich steht.

Und Oma Hannelore ist um nichts besser. Ihr Ehrenamt, das sie übernommen hat, als die Kinder aus dem Haus gingen, ist im Lauf der Jahrzehnte zu einem Full-time-Job geworden. Wer's nicht glaubt, soll sich nur mal eine Stunde bei ihr ins Haus setzen. Dauernd klingelt das Telefon, und jemand sucht ihren Rat, braucht eine Adresse, will einen Termin vereinbaren oder sonst etwas.

Es ist ja nicht so, dass wir uns beklagen möchten. Natürlich sehnt man sich manchmal nach dem gemütlichen Opa, den man aus der Literatur kennt, dem alten Herrn mit den Filzpantoffeln, der vorm Fernseher sitzt und mit dem man philosophieren kann. Oder nach der unermüdlich Plätzchen backenden Oma, die es angeblich irgendwo gibt. Bei euch beiden, Hannelore und Karlheinz, erlebt man so etwas nicht. Bei euch weht ein frischerer Wind – manchmal möchte man fast von permanenter Zugluft sprechen. Ihr seid ja auch Zugvögel, ihr zwei. Wenn ihr nicht arbeitet, geht ihr auf Reisen. Ich glaube, ihr habt euch vorgenommen, wirklich alle Winkel dieser Erde kennen zu lernen, und ich wette: Das schafft ihr auch noch. Und wenn ihr überhaupt etwas an eurer Lebensweise bedauert, dann ist es die Tatsache, dass ihr leider, leider keine Zeit habt, um noch ein Universitätsstudium aufzunehmen. Es gibt ja so viel, was euch brennend interessiert.

Ja, so seid ihr. »Je öller, je döller«, nennt das der Volksmund. Ich schließe daraus, dass es schon früher Leute wie euch gegeben hat. Ist doch toll, nicht? Wir freuen uns, dass ihr so seid, so aktiv und lebendig, so wissbegierig und voller Energie. Dass die kleinen Zipperlein, mit denen ihr ab und zu zu tun habt, euch nicht davon abhalten, all diese Aktivitäten auszuüben. Vor allem aber, dass ihr das alles gemeinsam erlebt.

Im Namen der Festgesellschaft möchte ich euch nun herzlich dafür danken, dass ihr euch überhaupt die Zeit genommen habt, mit uns eure goldene Hochzeit zu feiern. Bleibt, wie ihr seid!

## Dankesworte des Brautpaars

Traditionellerweise hält der Bräutigam die Dankesrede, doch heutzutage ist auch die Frau »Manns« genug, das Wort zu ergreifen, oder beide sprechen abwechselnd. Wählen Sie daher selbst, wer eine kurze Dankesrede hält. Vielleicht der von Ihnen, der weniger mit dem Lampenfieber kämpft?

Eine solche Rede ist in der Regel kurz, da während der Feier schon genug gesprochen wurde. Sagen Sie daher bündig Ihren Dank: an die Hochzeitsgesellschaft für ihr Kommen, an die Helfer für ihre Unterstützung und an die Eltern für ihre liebevolle Fürsorge. Auch hier können Sie wählen, ob Sie eher ernste oder humorvolle Worte verwenden möchten. Ein besinnliches Zitat oder eine lustige Anekdote oder ein Gedicht als Ausdruck Ihrer Gedanken bietet sich an.

Lassen Sie sich von den Beispielen für die Reden zur grünen Hochzeit inspirieren, oder verwenden Sie gar Textstücke daraus für Ihre eigene Rede.

Liebe Familie, liebe Freunde,

einen Moment zuvor habe ich noch überlegt, ob es wohl an der richtigen Zeit sei, aufzustehen und meine Dankesrede zu halten. Ich fühlte mich an eine alte Kino-Szene erinnert. Darin ging es um ein Bankett, auf dem der Lord Mayor von London, also der Bürgermeister, der Ehrengast war. Das Dessert und der Brandy waren gereicht, da schlich sich der Butler hinüber und flüsterte seiner Lordschaft ins Ohr: »Es ist Zeit für Sie, mit Ihrer Rede zu beginnen, Sir ... Oder ziehen Sie es vor, dass die Anwesenden fortfahren, sich zu vergnügen?«

Wir, meine Frau und ich, ziehen es vor, dass sich die Anwesenden weiterhin vergnügen, und das ist nur möglich, weil ihr alle euch die Zeit genommen habt, diesen Tag mit uns zu begehen. Habt Dank für euer Kommen! Habt Dank für alle eure Unterstützung, die wunderbaren Geschenke und die amüsanten Reden. Schön, dass ihr hier alle bei uns seid!

Möge euch dieser Tag ebenso in Erinnerung bleiben wie uns. Wir wünschen euch ein schönes Fest und viel Freude! Fahrt bitte fort, euch zu amüsieren.

Sehr verehrte Gäste, meine lieben Eltern und Schwiegereltern,

meinen herzlichsten Dank, auch im Namen von Ulrike, die seit heute meine Frau ist, für die schönen Worte, die vielen Glückwünsche und Geschenke und dafür, dass ihr alle zu unserer Hochzeitsfeier gekommen seid.

Mit so vielen tollen Überraschungen haben wir wahrlich nicht gerechnet – ein großes Kompliment und tausend Dank an unsere Eltern, unsere Trauzeugen und alle, die mit Rat und Tat dazu beigetragen haben. Da habt ihr euch wirklich etwas einfallen lassen. Wir werden uns immer mit Freude daran erinnern und hoffen, dass auch für euch dieser Tag unvergesslich sein wird.

Und nun will ich euch nicht weiter vom Feiern abhalten. Lasst uns gemeinsam dieses Fest genießen. Danke für alles – auf euer Wohl!

Liebe Eltern und Schwiegereltern,

dieser Tag ist eine Höhepunkt in unserem Leben. Wir genießen ihn und freuen uns, dass wir ihn gemeinsam feiern können. Glück macht dankbar, und deshalb möchten wir kurz mit euch zurückblicken und euch danken.

- für die Fürsorge und Liebe, mit der ihr uns aufgezogen habt,
- für dic Vcrsorgung mit allcm, was wir brauchtcn, von dcn Kindcrsandalcn bis zum Pulli in der Modefarbe, den alle in der Klasse hatten,
- für eure Anteilnahme und eure taktvolle Zurückhaltung bei unseren Herzensangelegenheiten
- für die Selbstverständlichkeit, mit der ihr uns die Berufswahl überlassen und die Ausbildung finanziert habt, auch wenn euch das manchmal schwer fiel,

Auf euer Wohl!

Liebe Familie, liebe Freunde,

zunächst wollen wir an Petrus einen Dank schicken, dass er uns bei dem Ansinnen, unsere Hochzeit im Freien zu feiern, so tatkräftig mit Sonnenstrahlen und blauem Himmel unterstützt, denn sonst wäre ja all die andere Tatkraft sprichwörtlich »ins Wasser« gefallen. Ehen werden, wie wir gehört haben, zwar im Himmel geschlossen, aber auf Erden vollzogen – daher zurück zum Irdischen.

Wir, Gabi und ich, danken unseren Eltern und den engagierten Hochzeitshelfern und -helferinnen, die die Vorbereitungen voller Tatendrang unter ihrer Fittiche genommen und alles so liebevoll für dieses Fest arrangiert haben, von ganzem Herzen für all ihre feinfühligen Überlegungen und zielstrebige Mühe. Das sieht man, das spürt man, das verleiht diesem Tag sein festliches Wohlfühl-Ambiente. Wir danken all den Gästen für Ihr Kommen, mit dem sie dieses Fest zu einem solchen machen. Und wir danken all denjenigen, die nun noch was vortragen und darbieten – ja, auch davon haben wir trotz strenger Geheimhaltung gehört – für die sicher gelungenen Überraschungen.

Schön, dass ihr alle gekommen seid, um gemeinsam mit uns zu feiern. Möge das Fest für uns alle zu einem unvergesslichen werden!

# Geflügelte Worte

*Viele Worte sind lange zu Fuß gegangen, ehe sie geflügelte Worte wurden.*
Marie von Ebner-Eschenbach

Wir alle zitieren immer wieder gerne, gleich, ob aus Notwendigkeit, aus Neigung oder aus Vergnügen. Hier finden Sie Zitate, Gedichte und Toasts, mit denen sich Ihre Hochzeitsrede stilvoll »würzen« lässt. Oder Sie lassen sich von den Dichtern und Denkern zu einer Rede inspirieren.

# Bausteine für Ihren Toast

Toasts sind Trinksprüche, die ein Redner zu einem bestimmten Anlass ausbringt, bevor er das Glas erhebt. Der Begriff stammt aus England, wo es früher Brauch war, vor einem Trinkspruch ein Stück Toast in das Glas zu tauchen.

Wenn Sie wollen, können Sie während des Empfangs oder auch während des Hochzeitsessens einen Toast auf das Brautpaar ausbringen. Wählen Sie hierfür ein passendes Zitat aus dem folgenden Fundus oder verfassen Sie selbst einen kurzen gereimten Spruch.

Schweigst du, so schweige aus Liebe,
Sprichst du, so sprich aus Liebe,
Tadelst du, so tadle aus Liebe,
Schonst du, so schone aus Liebe!
Lass die Liebe in deinem Herzen wurzeln,
und es kann nur Gutes daraus hervorgehen.
AUGUSTINUS

**Scherzgedicht vom sauersüßen Ehestand**
Die Bienlein Honig ha'n, damit sie uns ergötzen,
Ein'n Stachel sie auch ha'n, damit sie uns verletzen;
Darum das Bienlein ist ein sauersüßes Tier,
Wer sich vorm Stachel fürcht't, kein' Honig find't er hier.
Ein solches Bienlein ist der heilig Stand der Ehe,
Da find't sich Honigfreud, da find't sich Sorg und Wehe:
Dies Bienlein sauersüß, von Freud und Sorg gemacht,
Herr Bräutigam und Braut, dies sag ich euch, habt Acht!
AUS DEM JAHR 1646

**Ich weiß**

Ich weiß wohl, was du liebst in mir:
Es ist die Glut in meiner Brust,
Es ist die zauberhafte Zier
Der tief geheimen innern Lust,
Die strahlt aus mir und ruft zu dir:
Schließ mich in einen Felsenstein,
So ruf ich dich durch Mark und Bein.
Komm, lebe, liebe, stirb bei mir,
Du musst, du musst!

CLEMENS BRENTANO

Heut' aber seh ich schöne Tage
Blüh'n in gedrängter Sternensaat.
Entschieden liegt schon auf der Waage,
Was dieses Paar vom Schicksal bat.

EDUARD MÖRIKE

Denn wo das Strenge mit dem Zarten,
Wo Starkes sich und Mildes paarten,
Da gibt es einen guten Klang.
Drum prüfe, wer sich ewig bindet,
Ob sich das Herz zum Herzen findet.
Der Wahn ist kurz, die Reu' ist lang.

FRIEDRICH SCHILLER

Es muss was Wunderbares sein
Ums Lieben zweier Seelen!
Sich schließen ganz einander ein,
Sich nie ein Wort verhehlen!
Und Freud' und Leid und Glück und Not
So miteinander tragen!
Vom ersten Kuss bin in den Tod
Sich nur von Liebe sagen.
OSKAR VON REDWITZ

Sie hat nichts und du desgleichen;
Dennoch wollt ihr, wie ich sehe,
Zu dem Bund der heil'gen Ehe
Euch bereits die Hände reichen.

Kinder, seid ihr denn bei Sinnen?
Überlegt euch das Kapitel!
Ohne die gehör'gen Mittel
Soll man keinen Krieg beginnen.
WILHELM BUSCH

Lieb' möge euch regieren,
Treue euch führen,
Glück um euch walten,
Gesundheit euch halten.
SEGENSSPRUCH

Wer in der Liebe lebt, ist bei Vernunft doch toll;
Wer in der Liebe lebt, ist nüchtern dennoch voll.
FRIEDRICH VON LOGAU

Das ist die rechte Ehe,
Wo Zweie sich geeint,
Durch alles Glück und Wehe
Zu pilgern treu vereint.
Der eine Stab des andern
Und liebe Last zugleich,
Gemeinsam Rast und Wandern.
Und Ziel das Himmelreich.
EMANUEL GEIBEL

Und hier besiegeln diese zwei
Sich dauerhaft Lieb' und Treu.
Hoch ist der Liebe süßer Traum
Erhaben über Zeit und Raum.
WILHELM BUSCH

Das ist der Liebe heil'ger Götterstrahl,
Der in die Seele schlägt und trifft und zündet,
Wenn sich Verwandtes zum Verwandten findet.
Da ist kein Widerstand und keine Wahl:
Es löst der Mensch nicht, was der Himmel bindet.
FRIEDRICH SCHILLER

Ein Eh'stand ist alsdann beglückt,
Wenn eins sich in das andre schickt,
Wenn eins das andre liebt und scheut,
Er nicht befiehlt, sie nicht gebeut,
Und beide so behutsam sein,
Als wollten's erst einander frei'n.
CHRISTIAN FÜRCHTEGOTT GELLERT

**Ihr seid nun eins**

Ihr seid nun eins, ihr beide,
Und wir sind mit euch eins.
Trinkt auf der Freude Dauer
Ein Glas des guten Weins!

Und bleibt zu allen Zeiten
Einander zugekehrt,
Durch Streit und Zwietracht werde
Nie euer Bund gestört.
JOHANN WOLFGANG VON GOETHE

Ja, Lieschen, Freien ist wohl gut,
Sprach Vater Kunz, doch besser tut,
wer gar nicht freit! – So will ich dann
Das Gute tun, fing Lieschen an,
Das Bessre tue, wer es kann.
JOHANN KONRAD VON EINEM

Bewahret einander vor Herzeleid.
Kurz ist die Zeit, die ihr beisammen seid!
Und wenn auch Jahre euch vereinen,
Einst werden sie euch wie Minuten erscheinen.
SEGENSSPRUCH

Des Menschen Dasein, alt wie jung,
Lebt zwischen Hoffnung und Erinnerung.
Jung, sieht dem Wunsch er alle Tore offen,
Und alt, erinnert er sich – eben an sein Hoffen.
FRANZ GRILLPARZER

## Zum silbernen Hochzeitstag

Dies ist des Lebens Höhetag,
Der viele Jahre dauern mag.
Links der Jugend grüner Rain,
Rechts der goldne Abendschein.
Morgen und Abend – und mittendrin
Schreite ein glückliches Leben hin.
THEODOR FONTANE

So vor fünfundzwanzig Jahren
Standet ihr am Traualtar.
Und der Zukunft Tage waren
Euch und andern noch nicht klar.
Aber heut' im Freundeskreise
Schaut ihr zurück auf eure Reise.
Für das Ziel, das nicht mehr Schein,
Stehen Kinder und Enkel ein.
FRANZ GRILLPARZER

Unserem lieben Silberpaare,
Dessen Bund wir heut erneuern,
Wünsche ich, dass viele Jahre
Wir noch froh wie heute feiern.
Möge immer mit euch beiden
Gottes reicher Segen sein.
Er bewahre euch vor Leiden,
Schenke Glück und Sonnenschein!
VOLKSGUT

Ich bin klein, mein Wunsch ist klein:
Das Silberpaar soll glücklich sein.
Was wir heut mit Silber bekränzen,
möge einst im Golde glänzen!
VOLKSGUT

## Zur goldenen Hochzeit

Golden, silbern, eisern, ehern
Nennt die Alter man der Welt,
Und zum niedern von dem höhern
Schreite fort sie, wird erzählt.

Doch der Mensch in unsern Tagen
Sieht die Alter sich verkehrt:
Jugend, die schon Sorgen plagen,
Zeigt nur eisern ihren Wert.

Erzgewappnet geht das Leben,
Selbst die Liebe wird zum Streit,
Und dem stets erneuten Streben
Liegt der Ruhe Glück so weit.

Erst nach durchgekämpften Jahren
Lacht das Schicksal wieder hold,
Und mit Silber in den Haaren
Wird die Zeit, die Ehe – Gold.
FRANZ GRILLPARZER

# Liebe, Ehe und Glück – auf den Punkt gebracht

Treffend geistreich-humorige Aphorismen, Bonmots und Zitate bringen eine Aussage meist auf den Punkt. Nutzen Sie in Ihrer Rede die Aussage eines berühmten Menschen als Beleg, als Ausgangs- oder als Endpunkt Ihrer Gedanken.

## Über die Liebe

... die starke Übertreibung des Unterschiedes zwischen einer Person
und allen anderen.
GEORGE BERNARD SHAW

... die Fähigkeit, Ähnliches an Unähnlichem wahrzunehmen.
THEODOR W. ADORNO

... das charmanteste Unglück, das uns zustoßen kann.
CURT GOETZ

... der Versuch der Natur, den Verstand aus dem Wege zu räumen.
THOMAS NIEDERREUTHER

... der Endzweck der Weltgeschichte, das Amen des Universums.
NOVALIS

Die wirkliche Liebe beginnt, wo keine Gegengabe mehr erwartet wird.
ANTOINE DE SAINT-EXUPÉRY

Wenn dir's in Kopf und Herzen schwirrt,
Was willst du Bessres haben!
Wer nicht mehr liebt und nicht mehr irrt,
Der lasse sich begraben.
JOHANN WOLFGANG VON GOETHE

Liebe besteht nicht darin, dass man einander ansieht, sondern, dass man gemeinsam in die gleiche Richtung blickt.
ANTOINE DE SAINT-EXUPÉRY

Einen Menschen zu nehmen, wie er ist, ist noch gar nichts, das muss man immer. Die wirkliche Liebe besteht darin, ihn auch zu wollen, wie er ist.
ALAIN, EIGTL. EMILE CHARTRIER

Wir fuhren allein im dunkeln
Postwagen die ganze Nacht;
Wir ruhten einander am Herzen,
Wir haben gescherzt und gelacht.

Doch als es morgens tagte,
Mein Kind, wie staunten wir!
Denn zwischen uns saß Amor,
Der blinde Passagier.
HEINRICH HEINE

Ein gutes Leben ist eins, welches von Liebe beseelt und von Erkenntnis geleitet ist.
BERTRAND RUSSELL

**Die ganze Welt ist dein**
O glücklich, wer ein Herz gefunden,
Das nur in Liebe denkt und sinnt,
Das, mit der Liebe treu verbunden,
Sein schön'res Leben erst beginnt.

Wo liebend sich zwei Herzen einen,
Um eins zu sein in Freud und Leid,
Da muss des Himmels Sonne scheinen
Und heiter lächeln jede Zeit.

Die Liebe, nur die Lieb' ist Leben!
Kannst du dein Herz in Liebe weihn,
So hat dir Gott genug gegeben.
Wohl dir, die ganze Welt ist dein.
August Heinrich Hoffmann von Fallersleben

Die Welt ist so leer, wenn man nur Berge, Flüsse und Städte darin denkt, aber hie und da jemand wissen, der mit uns übereinstimmt, mit dem wir auch stillschweigend fortleben, das macht uns dieses Erdenrund erst zu einem bewohnten Garten
Johann Wolfgang von Goethe

Liebe ist kein Solo. Liebe ist ein Duett. Schwindet sie bei einem, verstummt das Lied.
Adelbert von Chamisso

Verstand und Witz kann leicht ergötzen,
doch fesseln kann allein das Herz.
Wilhelm Hey

Lieben heißt, in dem andern sich selbst erobern.
FRIEDRICH HEBBEL

Den Sinn erhält das Leben einzig durch die Liebe.
Das heißt: Je mehr wir zu lieben und uns hinzugeben fähig sind,
desto sinnvoller wird unser Leben.
HERMANN HESSE

Die Liebe ist eine Dummheit, die zu zweit begangen wird.
NAPOLEON

Wenn du liebst, dringst du ans Licht wie der Samen,
der in der Erde verborgen war.
BETTINA VON ARNIM

Aus Lieb' oder Vernunft zu frei'n?
Wie sollte es nicht dasselbe sein?
Da es doch nichts Vernünft'ges gibt
Als eine nehmen, die man liebt.
PAUL HEYSE

Sphären ineinander lenkt die Liebe. Weltsysteme dauern nur durch sie.
FRIEDRICH SCHILLER

Liebe allein versteht das Geheimnis, andere zu beschenken und
dabei selbst reich zu werden.
CLEMENS BRENTANO

Es ist immer etwas Wahnsinn in der Liebe.
Es ist aber immer auch etwas Vernunft im Wahnsinn.
FRIEDRICH NIETZSCHE

... zwei liebende Herzen, sie sind wie Magnetuhren:
Was in der einen sich regt, muss auch die andere mitbewegen;
denn es ist nur eins, was in beiden wirkt,
eine Kraft, die sie durchgeht.
JOHANN WOLFGANG VON GOETHE

Die Liebe ist das Wohlgefallen am Guten; das Gute ist der einzige Grund der Liebe. Lieben heißt: jemandem Gutes tun wollen.
THOMAS VON AQUIN

Es ist viel leichter, für eine geliebte Frau zu sterben, als mit ihr zu leben.
LORD BYRON

Ein Weiser wurde gefragt, welches die wichtigste Stunde sei,
die der Mensch erlebt, welches der bedeutendste Mensch,
der ihm begegnet, und welches das notwendigste Werk sei. Die Antwort lautet:

Die wichtigste Stunde ist immer die Gegenwart,
der bedeutendste Mensch immer der, der dir gerade gegenübersteht,
und das notwendigste Werk ist immer die Liebe.
MEISTER ECKART

Liebe macht nicht blind. Der Liebende sieht nur weit mehr, als da ist.
OLIVER HASSENKAMP

Die Liebe,
Welch lieblicher Dunst!
Doch in der Ehe –
Da steckt die Kunst.
THEODOR STORM

Glücklich allein ist die Seele, die liebt.
JOHANN WOLFGANG VON GOETHE

Die Summe unseres Lebens sind die Stunden, da wir lieben.
WILHELM BUSCH

Früchte reifen durch die Sonne, Menschen reifen durch die Liebe.
MARTIN BUBER

Einen Menschen lieben heißt: ihn so sehen, wie Gott ihn gemeint hat.
FJODOR M. DOSTOJEWSKI

Was du liebst, lass frei. Kommt es zurück, gehört es dir – für immer.
CHINESISCHES SPRICHWORT

## Über die Ehe

Eine gute Ehe – wenn es denn solche gibt – benötigt die gewöhnliche Liebe nicht, sie strebt nach Freundschaft hin. Es ist eine süße Lebensgemeinschaft voll Beständigkeit, Vertrauen und einer unendlichen Menge nützlicher und dauerhafter Dienstleistungen und wechselseitiger Verpflichtungen.
MICHEL DE MONTAIGNE

Eheleute, die sich lieben, sagen sich tausend Dinge, ohne zu sprechen.
AUS CHINA

In der Ehe muss man einen unaufhörlichen Kampf gegen ein Ungeheuer führen, das alles verschlingt: die Gewohnheit.
HONORÉ DE BALZAC

Ehen und Wein haben eines gemeinsam:
Die wahre Güte zeigt sich erst nach Jahren.
WILLIAM SOMERSET MAUGHAM

Die Ehe ist und bleibt die wichtigste Entdeckungsreise, die der Mensch unternehmen kann.
SÖREN KIERKEGAARD

Man soll sich beim Eingehen einer Ehe die Frage vorlegen: Glaubst du, dich mit dieser Frau bis ins Alter hinein gut zu unterhalten?
Alles andere in der Ehe ist transitorisch, aber die meiste Zeit des Verkehrs gehört dem Gespräche an.
FRIEDRICH NIETZSCHE

Mit den Ehen ist es wie mit den Vogelbauern.
Die Vögel, die nicht darin sind, wollen mit aller Gewalt hinein,
und die, welche darin sind, wieder heraus.
MICHEL DE MONTAIGNE

Eine gute Ehe beruht auf dem Talent zur Freundschaft.
FRIEDRICH NIETZSCHE

Das große Geheimnis jeder guten Ehe ist, jeden Unglücksfall als Zwischenfall
und keinen Zwischenfall als Unglücksfall zu behandeln.
HAROLD NICOLSON

Ob zwei Leute gut getan haben, einander zu heiraten,
kann man bei ihrer Silberhochzeit noch nicht wissen.
MARIE VON EBNER-ESCHENBACH

In einer guten Eh' ist wohl das Haupt der Mann,
Jedoch das Herz das Weib, das er nicht missen kann.
FRIEDRICH RÜCKERT

Die Ehe ist der Anfang und der Gipfel aller Kultur. Sie macht den Rohen mild,
und der Gebildetste hat keine bessere Gelegenheit, seine Milde zu beweisen.
JOHANN WOLFGANG VON GOETHE

Vereint wirkt also dieses Paar,
Was einzeln keinem möglich war.
CHRISTIAN FÜRCHTEGOTT GELLERT

Es ist kein lieblicher, freundlicher und holdseliger Verwandtnis, Gemeinschaft und Gesellschaft denn eine gute Ehe.
MARTIN LUTHER

Ehen werden im Himmel geschlossen, aber dass sie gut geraten, darauf wird dort nicht gesehen.
MARIE VON EBNER-ESCHENBACH

Heirate oder heirate nicht, du wirst beides bereuen.
SOKRATES

Die Ehe ist ein Bauwerk, das jeden Tag neu errichtet werden muss.
ANDRÉ MAUROIS

... ich merke wohl, im Ehestand muss man sich manchmal streiten, denn dadurch erfährt man etwas voneinander.
JOHANN WOLFGANG VON GOETHE

Männer, die behaupten, sie seien die uneingeschränkten Herren im Haus, lügen auch bei anderen Gelegenheiten.
MARK TWAIN

## Über das Glück

Sowohl Mann wie Frau sollten ständig daran denken, dass das
schönste Geschenk, das einer dem anderen machen kann, das eigene Glück ist.
ALAIN, EIGTL. EMILE CHARTRIER

Glück ist Liebe, nichts anders. Wer lieben kann, ist glücklich.
HERMANN HESSE

Liebe ist die unabdingbare Voraussetzung von Glück.
JOSEF PIEPER

Eine glückliche Ehe ist wie eine lange Unterhaltung,
die einem trotzdem zu kurz vorkommt.
ANDRÉ MAUROIS

Oft besteht der Unterschied zwischen einer glücklichen Ehe und einer mittelmäßigen nur darin, drei Dinge am Tag ungesagt zu lassen.
HARLAN MILLER

Die meisten Menschen machen das Glück zur Bedingung.
Aber das Glück findet sich nur ein, wenn man keine Bedingungen stellt.
ARTUR RUBINSTEIN

Die schönen Tage sind das Privileg der Reichen,
aber die schönen Nächte sind das Monopol der Glücklichen.
JOHANN NEPOMUK NESTROY

Genieß die Gegenwart mit frohem Sinn,
Sorglos, was dir die Zukunft bringen werde.
Doch nimm auch bittern Kelch mit Lächeln hin –
Vollkommen ist kein Glück auf dieser Erde.
HORAZ

Ich glaube, dass kein Mann jemals ein rechtes Leben gelebt hat, der nicht durch die Liebe einer Frau gebessert, durch ihren Mut gestärkt und durch die Weisheit ihres Herzens geführt worden ist.
JOHN RUSKIN

Jemanden glücklich machen ist das höchste Glück.
THEODOR FONTANE

Man muss sein Glück teilen, um es zu multiplizieren.
MARIE VON EBNER-ESCHENBACH

Wenn sie dir die Krümel aus dem Bett macht.
KURT TUCHOLSKY

Es liegt aber das Glück nicht in den Dingen,
sondern in der Art und Weise,
wie sie zu unseren Augen, zu unseren Herzen stimmen.
JEREMIAS GOTTHELF

Das höchste Glück des Lebens besteht in der Überzeugung, geliebt zu werden.
VICTOR HUGO

## Humorvolles und Amüsierliches

Die Heirat ist die einzige lebenslängliche Verurteilung, bei der man aufgrund schlechter Führung begnadigt werden kann.
ALFRED HITCHCOCK

Frauen sind die Holzwolle in der Glaskiste des Lebens.
KURT TUCHOLSKY

Der ideale Ehemann ist ein unbestätigtes Gerücht.
BRIGITTE BARDOT

Der einzige Entschuldigungsgrund für eine Liebesheirat ist die unüberwindliche gegenseitige Zuneigung.
GEORGE BERNARD SHAW

Die Hochzeit hat die Entführung nur deshalb abgelöst, weil niemand gerne auf Geschenke verzichtet.
MARK TWAIN

Es ist der Ehestand, wenn die Adepten fragen,
Der allerschlimmste Stand auf diesem Erdenrund,
Er ist ein Labyrinth voll Plagen
Und macht für Geist und Leib die Sinne ungesund.
In diesen Stand sich zu begeben
Ist viel gewagt; wenn ihr glückselig leben
Und selig sterben wollt, so meidet diesen Stand.
WILHELM HEINSE

Den idealen Gatten gibt es nicht. Der ideale Gatte bleibt ledig.
OSCAR WILDE

Heiraten bedeutet, seine Rechte halbieren und seine Pflichten verdoppeln.
ARTHUR SCHOPENHAUER

Wenn die Ehegatten nicht beisammen lebten,
würden die guten Ehen häufiger sein.
FRIEDRICH NIETZSCHE

Selig sind die Auserwählten,
Die sich liebten und vermählten;
Denn sie tragen hübsche Früchte.
Und so wuchert die Geschichte
Sichtbarlich von Ort zu Ort.
Doch die braven Junggesellen,
Jungfern ohne Ehestellen,
Welche ohne Leibeserben
So als Blattgewächse sterben,
Planzen sich durch Knollen fort.
WILHELM BUSCH

Liebe ist eine vorübergehende Geisteskrankheit, die durch Heirat heilbar ist
oder dadurch, dass man den Patienten den Einflüssen entzieht,
unter denen er von der Krankheit befallen wurde.
AMBROSE BIERCE

Alter schützt vor Liebe nicht, aber Liebe vor dem Altern.
COCO CHANEL

Wer eine gute, verständige und schöne Frau sucht,
sucht nicht eine, sondern drei.
OSCAR WILDE

Eine Ehe ist dann wirklich gut, wenn man tagsüber vergisst, dass man verliebt,
und des Nachts, dass man verheiratet ist.
HONORÉ DE BALZAC

Die Ehe ist ein Versuch, zu zweit mit Problemen fertig zu werden,
die man allein niemals gehabt hätte.
EDDIE CANTOR

Man ist doch nur ein vagabundierender Räuber und Spitzbube,
wenn man das dreißigste Jahr überschritten hat, ohne verheiratet zu sein.
FRANZ GRILLPARZER

An Rheumatismus und wahre Liebe glaubt man erst,
wenn man davon befallen wird.
MARIE VON EBNER-ESCHENBACH

Was Prügel sind, das weiß man schon, was aber die Liebe ist,
das hat noch keiner herausgebracht.
HEINRICH HEINE

Richtig verheiratet ist der Mann, der jedes Wort versteht,
das seine Frau nicht gesagt hat.
ALFRED HITCHCOCK

Liebe ist von allen Krankheiten noch die gesündeste.
EURIPIDES

Ein Anfang ist kein Meisterstück,
Doch guter Anfang halbes Glück.
ANASTASIUS GRÜN

Wir bewundern Menschen wegen ihrer Stärken –
aber wir lieben sie wegen ihrer Schwächen.
PETER USTINOV

Viele Frauen wissen nicht, was sie wollen, aber sie sind fest entschlossen, es zu bekommen.
PETER USTINOV

Kann man Vertrauen zu einer Frau haben, die einen selber zum Mann nimmt?
CURT GOETZ

Das fragst mich, Kind, was Liebe ist?
Ein Stern in einem Haufen Mist.
HEINRICH HEINE

In der Ehe pflegt gewöhnlich einer der Dumme zu sein.
Nur wenn zwei Dumme heiraten – das kann mitunter gut gehen.
KURT TUCHOLSKY

Kinder, liebt einander, wer, zum Teufel, sollte euch sonst lieben!
VOLTAIRE

Die moderne Frau versteht alles – ausgenommen ihren eigenen Mann.
OSCAR WILDE

Himmelhoch jauzend,
Zu Tode betrübt –
Glücklich allein ist
die Seele, die liebt.
JOHANN WOLFGANG VON GOETHE

Menschen zu finden,
die mit uns fühlen und empfinden,
ist wohl das schönste Glück,
das diese Welt bereit hat.
SAMUEL JOHNSON

Das größte Glück, nächst der Liebe,
besteht darin, die Liebe eingestehen zu dürfen.
ANDRÉ GIDE

Gibt es schließlich eine bessere Form, mit dem Leben fertig
zu werden, als mit Liebe und Humor?
CHARLES DICKENS

Der Text dieses Buches entspricht den Regeln der neuen deutschen Rechtschreibung.

Sie finden uns auch im Internet unter www.randomhouse.de/suedwest

ISBN 978-3-517-08161-8



**Lektorat:** Berliner Buchwerkstatt, redaktionsbüro drajbs
**Gestaltung:** Berliner Buchwerkstatt, Ulrike Sindlinger
**Umschlaggestaltung und -konzeption:** R.M.E. Eschlbeck/Kreuzer/Botzenhardt unter Verwendung eines Motivs von Mauritius (age fotostock), Mittenwald
**Projektkoordination:** Silke Kirsch



Druck und Bindung: Těšinská Tiskárna a.s., Česky Tesin
Printed in the Čzech Republic

817 2635 4453